Emmanuel MAGNANT

LES SOUVENIRS DU DEUIL

Edition: Book on Demand, 12/14 rond point des Champs Elysées, 75008 Paris, France.

Imprimé par Book on Demand Gmbh, Norderstedt, Allemagne.

ISBN : 9782810600892

Dépôt légal : juillet 2008

A Coco et à Popette,
pour qu'elles comprennent l'origine de la petite cicatrice qui
est gravée sur le coeur de leur papa.

1

LE 17 JANVIER 1994

Lundi 17 janvier 1994.

Tôt dans la matinée je me lève, la tête dans le gaz, comme tout bon lycéen de terminale qui doit aller prendre son bus pour regagner son bahut. Je ne suis pas du matin. J'ai vraiment du mal à aligner deux mots le matin, comme mon père, d'ailleurs, que je croise dans le couloir ce matin-là (comme tous les matin). Pas de mot échangé, mais un regard, une bise qui veut dire bonjour, et la même conviction de subir le passage de la position assise à la position debout. Je me souviens très bien de ce moment où l'on se frôle sans dire une parole, où l'on se comprend car on galère autant l'un que l'autre. Moi de devoir subir des cours qui me préparent à mon premier véritable diplôme dans la vie : le baccalauréat. Lui de devoir rejoindre son travail où, sans que je le sache, il est constamment sous pression, quasiment harcelé, presque anéanti et trop fier pour le montrer.

Mon père est entré dans la vie professionnelle en tant qu'ouvrier spécialisée chez Simca, qui deviendra Talbot, qui deviendra Peugeot qui vendra son usine rochelaise à une boîte industrielle nommée Triaxe... l'antichambre de la mort de mon père à mes yeux. Bref, pendant des années, il gravira les échelons à une époque où c'était encore possible pour terminer à 49 ans ingénieur... et surtout mort. Ce combat interne de réussite sociale qui l'animait depuis toujours lui venait de sa volonté de pouvoir offrir à ses enfants la possibilité de faire des études pour qu'ils n'aient pas à passer leur vie à gravir ces fameux échelons. Il reprochait à ses propres parents de ne lui avoir pas remué suffisamment le cul quand il était jeune pour obtenir des diplômes, du coup c'était à moi et à mon frère de les avoir à sa place. Jamais je ne lui en ai voulu de nous avoir pressurisé pour « bien travailler à l'école », pour obtenir des diplômes, dans le but d'avoir un joli travail bien rémunéré. Aujourd'hui, je lui suis reconnaissant (à ma mère aussi) d'avoir eu la chance d'effectuer de longues études qui m'ont ouvert l'esprit, permis de comprendre le monde, de vivre des expériences d'étudiant hallucinantes, et de m'avoir donner le temps nécessaire pour faire de la musique. Rétrospectivement, cette période estudiantine fut un moment de construction humaine magistrale.

Devenu trop ancien pour l'entreprise industrielle car avant tout trop cher à payer et peu malléable, il subissait de la part de ses supérieurs hiérarchiques des pressions quotidiennes pour le pousser à la démission. Ils avaient déjà eu la peau (professionnelle) d'un de ses potes, il n'en restait plus beaucoup, des vieux, au sein de l'entreprise. Les plus vieux étaient poussés en pré-retraite comme des bons à rien inutiles, et les moins vieux étaient poussés vers la porte. Mais pas de licenciement, ça coûte trop cher aux actionnaires. Il fallait donc des démissions volontaires ou pousser les employés à la faute pour les dégager. Pour cette dernière solution, le harcèlement et la pression sont les plus courts moyens de la concrétiser. Je peux témoigner que cela existe.

Ce que les patrons n'avaient pas prévu, ce furent les conséquences d'une pression journalière, intensive, agressive, honteuse et écoeurante sur l'organisme d'un homme pas comme les autres physiologiquement. En effet mon père était atteint d'une malformation congénitale : un anévrisme cérébrale. La tension professionnelle se transformant en tension artérielle a pour conséquence d'accélérer la circulation sanguine. Et quand un vaisseau sanguin du cerveau est déjà obstrué naturellement, il ne peut favoriser la bonne circulation du sang qui s'accumule à l'endroit obstrué et qui déchire le tuyau de transmission. Il s'ensuit une hémorragie cérébrale, une perte de connaissance et, en l'espèce, la mort.

Le récit que m'ont fait ses collègues est le suivant : en milieu de matinée, à l'occasion d'une énième réunion destinée à taper sur la tête des esclaves, pardon, des employés, mon père se sent mal, pris de forts maux de tête, à tel point qu'il ne peut quasiment plus se tenir debout pour marcher. Deux collègues le soutiennent et l'emmènent à l'infirmerie de l'usine. Il ne l'atteindra pas conscient. Le Samu et les pompiers le prendront en charge (quelle expression détestable) quelques minutes plus tard pour rejoindre le centre hospitalier de La Rochelle. Il est déjà mort. Malgré ça, en arrivant aux urgences, les médecins décide de le transférer par hélicoptère (il avait déjà certainement rejoint les cieux, mais bon) à Poitiers, au CHU.

Je me suis toujours demandé qu'elles ont été ses dernières pensées, s'il a compris ce qu'il lui arrivait, s'il s'est vu mourir, si il a eu le temps d'avoir peur. Une chose dont je suis sûr c'est qu'il a obligatoirement souffert de ces maux de tête qui ont précédé sa chute. Pas longtemps j'espère, il ne l'aurait pas mérité.

Ce matin du 17 janvier 1994, je me souviens d'avoir reçu ma première véritable bonne note en sciences économiques et sociales. Etant en terminale B à cette époque et étant un élève studieux et plutôt doué, pression paternelle oblige, cette note m'était apparue comme une véritable réussite, un moment de joie, un moment de plaisir, un moment de fierté qui avait égaillé ma journée. Je me souviens également que cette journée d'hiver était marqué par un soleil ravissant, réchauffant l'atmosphère rochelaise et laissant apparaître des sourires chez tous les élèves.

Vers 13h00, je suis en train de pavoiser dans la cour du lycée à la lisière du préau en compagnie de mon meilleur ami Jocelyn. Nous sommes en pleine parade de séduction de quelques jeunes filles de première dont les sourires ne nous laissent pas indifférents. A cette époque, peu de sourires féminins ne nous laissent indifférents. Nous rions, nous palabrons, nous échangeons, nous sommes des coqs lâchés en pleine basse-cour, innocents, insolemment libres et indestructibles... les plus beaux (parleurs), les plus forts (en gueule).

Et puis, j'entends vaguement mon nom sortir des hauts-parleurs situés sous le préau et destinés à appeler les élèves convoqués au bureau des CPE. Dans le doute, je tends l'oreille et c'est bien mon nom que le surveillant prononce. Laissant notre auditoire en lui disant « je reviens tout de suite », je quitte Jocelyn en le voyant du coin de l'oeil perpétuer son numéro de charme. Je me sens bien, heureux, serein, sur de moi et prêt à bouffer la vie. Ce sera la dernière fois de la journée et la dernière fois pour les 3 prochaines années.

Entrant dans le bureau des CPE, j'interroge le surveillant en présence sur le pourquoi de cet appel. Je me souviendrai toute ma vie du visage de ce surveillant, de son expression décomposé, de sa pudeur, de ses yeux noirs et de son regard sombre. D'un geste furtif de la tête il m'indique de regarder contre le mur à ma gauche. Fermant la porte et tournant la tête je vois ma mère recroquevillée sur elle même, en pleurs. Je lui demande ce qu'il se passe avec effroi. Je sens des sueurs froides me parcourir, mes poils se hérisser, mes muscles se tendre, car je sais déjà que le pire vient de se passer. Le pire, mais à aucun moment je n'envisage le décès de qui que ce soit, c'est inenvisageable à cet instant, tout simplement pas possible. Elle balbutie, marmonne, n'arrive pas à prononcer le moindre mot, ses lèvres sont obstruées par les larmes. Je deviens fou en une seconde, je la saisis par le col de son manteau et je lui demande de me dire ce qu'il se passe. Furtivement et péniblement elle me dit que mon père est à l'hôpital, qu'il a eu un malaise et qu'elle ne sait pas comment il va. Je retombe sur terre, je reviens à moi-même, je suis rassuré : à l'hôpital on soigne, on aide, on traite, mais on n'y est pas mort. C'est à la morgue qu'on est mort, uniquement à la morgue. Je lui demande de m'attendre. Je sors du bureau, je rejoins le casier au sein duquel mon sac de cours est enfermé pour le récupérer, je bifurque par la lisère du préau afin de dire à Jocelyn que mon père est à l'hosto et que je dois partir, dans mon empressement je ne suis pas sûr de bien me faire comprendre, tant pis, puis je retrouve ma mère dans le bureau. Nous quittons le lycée et gagnons la voiture.

Ma mère en conduisant ne cesse de répéter « mais qu'est ce qu'on va devenir ? ». Je prends la répétition de cette unique question comme une inquiétude bien légitime de sa part. A aucun moment je n'entrevois l'éventualité du décès de mon père. Ce n'est pas possible, ça n'arrive qu'aux autres, en tous cas pas à moi, c'est impossible. Malgré ça je reste sans voix, je n'arrive pas à la rassurer. Je me souviens que la seule chose que je lui ai dite, c'est ma bonne note en économie, c'est dire à quel point je suis déconnecté de la réalité à ce moment-là. Mais je ne la comprends pas la réalité. Je ne cerne pas du tout ce qui se passe à cet instant.

Nous prenons la direction de Lauzière, petite commune située en banlieue rochelaise où résident mon oncle et ma tante. Mon oncle doit nous emmener à Poitiers en voiture, au bout de l'autoroute nous aurons des réponses, nous serons certainement rassurés. Je me souviens de l'autoroute, de mes pensées qui commencent à réfléchir à l'éventualité d'un décès mais qui réfutent cette idée dans la seconde suivante. Ce merveilleux soleil à travers la vitre, c'est une trop belle journée pour quitter le monde.

En arrivant dans Poitiers, nous passons chercher mon frère qui y effectue son service militaire. Ma mère entre dans la caserne, disparaît au loin accompagné d'un homme habillé en vert kaki de la tête au pied. C'est plutôt joli dans le paysage même si ça ne sert à rien. La caserne est moche, comme toutes les casernes ou presque, je me dis furtivement que mon frère a bien du courage de passer un an dans ce bloc de pierre fermé par des grilles et gardé par un pauvre type qui passe ses jours et ses nuits à attendre que quelqu'un entre ou sorte. Pendant ce temps je reste dans la voiture, assi sur la banquette arrière, perdu dans mes réflexions, mon oncle est à la place du conducteur, un silence (de mort) nous enrobe, nos coeurs battent rapidement, le stress s'accroît mais les mots sont trop lourds pour pouvoir en exhiber un seul. On attend et on attend encore, ça met du temps à l'armée pour récupérer un type que sa mère vient chercher, comme quoi la rigueur militaire a du plomb dans l'aile. Bref, au bout d'un moment, je vois les silhouettes de ma mère et de mon frère réapparaître et venir vers nous. Mon frère est vert aussi bien sur ses vêtements que sur son visage. Ils sortent de l'enceinte militaire, traversent la route et nous rejoignent dans la voiture. Je dis bonjour à mon frère. Bonjour, quel mot à la con en pareilles circonstances. Nous n'échangerons pas plus de mot, préoccupés l'un et l'autre, désorientés. La voiture démarre et prend le chemin du CHU.

Aux abords de cet édifice monstrueusement gros, je me rends compte au regard de la taille des bâtiments qu'on ne peut qu'être bien soigné dans un tel hôpital. L'inverse n'est pas envisageable. Après un bref passage par l'accueil saturé (déjà, à l'époque, les hôpitaux étaient saturés), on nous indique le chemin pour rejoindre le service où nous allons enfin retrouver mon père. Dans le long couloir blanc je trépigne, je ne peux pas m'asseoir et, bien sûr, on attend encore et encore qu'un médecin veuille bien nous recevoir. Plus l'attente est longue, plus c'est bon signe, je me dis, on ne fait pas attendre la femme et les enfants d'un mort, ce serait irrespectueux.

Le médecin (une femme brune et mince)

nous invite à l'accompagner dans son bureau. Ma mère et mon frère s'assoient sur les deux chaises qui font face à son bureau, je reste debout un bon mètre derrière eux et mon oncle est adossé à la porte par laquelle nous sommes entrés, en retrait. A ce moment là, le médecin entame un monologue, nous expliquant dans quel état est arrivé mon père dans leur service, ce qu'il ont fait pour lui, ce que le médecine a fait pour lui, avec des termes techniques et floues. Elle tourne autour du pot, n'est pas claire dans ses propos. Finalement, on n'apprend rien sur l'état de santé de mon père, et pourtant c'est le pourquoi de notre venue, c'est la question qui nous brûle les lèvres et que ma mère posera au bout d'un bon quart d'heure de monologue stérile du médecin. « Docteur, il va s'en sortir ? ». Elle répond sobrement : « On le maintient en vie artificiellement, Il est en état de mort cérébrale Madame », et ajoute : « c'est fini ». « Salope, t'aurais pas pu le dire plus tôt au lieu de nous faire endurer ce putain de supplice ! », me dis-je instantanément avant de poser mes mains sur mon visage, tremblant d'effroi.

La réponse que l'on attendait tous est cinglante, explose à nos oreilles avec violence. Le regard perdu dans le vide, j'entends ma mère qui éclate en sanglot, mon frère se penche vers elle et la sert dans ses bras, puis je perds leur silhouette, je vois trouble. Je me rend compte que je n'arrive pas à pleurer alors que j'aimerais. Je suis effrayé de ne pas pleurer. J'ai honte de ne pas pleurer, terriblement honte. Mes mains tremblantes broient mes joues et mes tempes, j'ai envie de crier mais je reste muet, comme si, pendant un instant, le temps s'était arrêté sans que je ne puisse plus rien faire. Et puis, après quelques secondes, le torrent se déverse, presque mécaniquement, comme après une émotion trop forte qui nous submerge, qui nous anéantit, qui nous détruit en quelques instants.

J'ai 17 ans et demi, je découvre la souffrance, la vraie, celle qui donne envie de vomir, celle qui donne envie de mourir, celle qu'on ne peut plus jamais oublier et qui reste ancrée au plus profond de nous-même.

Pourtant le médecin reprend son monologue, nous expliquant, avec ce que j'ai considéré être du détachement pendant longtemps, que mon père était déjà mort à La Rochelle. L'étonnement rageur nous gagne. Le choix de le transférer à Poitiers n'avait qu'un seul but : lui prélever ses organes, acte médical que l'hôpital de La Rochelle ne pouvait accomplir à l'époque (peut être encore maintenant je n'en sais rien). 160 kilomètres en voiture avec la peur au ventre, avec des tonnes de questions, avec un stress indéfinissable, avec l'espoir (immense) de revoir notre mari et père vivant, et le but final est uniquement de lui enlever ses organes ! L'horreur, du moins l'écoeurement nous envahit. L'incompréhension aussi.

Ce que n'oublie pas de nous dire le médecin, c'est qu'elle est obligée de demander à la famille si cette dernière sait si le défunt avait exprimé de son vivant un refus de donner ses organes. Nous sommes trois : ma mère, mon frère et moi. Si l'un d'entre nous déclare que mon père était d'accord pour donner ses organes, ils vont le découper pour lui retirer ce qui le faisait vivre et le donner à quelqu'un d'autre. C'est d'ailleurs pour ça qu'il était maintenu en vie artificiellement. Comble du cynisme honteux du système de santé publique de l'époque, le médecin nous précise que si nous donnons notre accord au prélèvement, le corps de mon père sera rapatrié à La Rochelle gratuitement par ambulance. Si on refuse, il faudra payer. Réaction de colère légitime de ma mère : elle refuse le prélèvement. Mon frère lui emboîte le pas et donne la même réponse. Ma mère la regarde et lui dit : « voilà on refuse ». Le médecin lève les yeux vers moi avec un air interrogatif. Après une courte réflexion, je me dis qu'il serait criminel de ma part de ne pas empêcher un malade de recevoir les organes de mon père et surtout de faire subir à sa famille la souffrance que je vivais sur le moment. Je réponds donc que je suis d'accord pour le prélèvement, ce qui suffit pour l'effectuer. Le médecin me remercie. A ce moment là, il me semble que mon frère et ma mère ne comprennent pas ma réponse, mais la confusion du moment est telle qu'ils ne me disent rien. Plus tard, ma mère me confiera que j'ai bien fait de donner cette

17

réponse, qu'elle est contente que d'autres familles n'aient pas à connaître notre détresse.

Mon père reviendra donc à La Rochelle gratuitement le lendemain, en ambulance. Ma mère a choisi que son corps soit rapatrié dans notre maison, notre maison familiale. Je pense que ce fut important pour elle que mon père revienne se reposer dans son propre lit avant de rejoindre sa caisse en bois, puis la terre. Je pense également que ça lui fit du bien de l'avoir à ses côté encore quelques heures. Cette décision m'a toujours paru bizarre, surréaliste. Un mort doit-il côtoyer les vivants dans une même maison ? Je pense encore que ce fut une épreuve de plus dont je me serai bien passé.

En attendant donc ce retour, ma mère demande au médecin de voir mon père. Elle et mon frère la suivent, ils sortent du bureau et s'effacent dans le couloir pour rejoindre la chambre où on le maintien en vie artificielle. Ma mère ne veut pas que je vienne. Je ne veux pas y aller non plus, je veux garder un souvenir « saint » de mon père, le souvenir de cet homme debout dans le couloir qui me dis bonjour en m'embrassant. Je me rends compte à cet instant que je ne lui ai jamais dit que je l'aimais. Je le regrette et constate que je n'aurais plus jamais l'occasion de lui dire. Cette pensée me torture, les larmes abondent sur mon visage, je me perd dans un néant inextricable. J'en oublie d'ailleurs la présence de mon oncle à mes côtés dans le bureau. Pourtant ce dernier me parlera, essayera de me réconforter (est-ce possible de réconforter un gamin qui vient de perdre son père ? Je ne pense pas), je ne l'entend pas et pourtant sa présence est importante, je lui en serai reconnaissant toute ma vie et encore aujourd'hui. Tout est devenu rapidement si confus, si terne, si sombre, si grave.

La mort a prononcé son verdict, ce n'est plus un cauchemar mais une réalité, une réalité qu'il faut affronter. Rien ne nous prépare à ça et pourtant il va falloir faire face, je ne sais pas comment, mais il va bien falloir.

Une bonne heure plus tard, nous reprenons la voiture tous les quatre en direction de La Rochelle. Le silence y est assourdissant. Par moment je me dis encore que ce n'est pas possible, que mon père nous attendra à la maison, inquiet de ne pas savoir où nous étions tous. L'instant d'après je m'oblige à regarder la réalité en face, à me persuader que ma vie ne sera plus jamais la même, qu'une partie de mon identité vient de me quitter, qu'une partie de moi-même n'existe plus. Le soleil se couchant face à nous sur l'autoroute est beau. la nuit arrive, froide et immense, elle ne tardera pas à nous recouvrir, elle ne tardera pas à nous envahir.

La nuit qui débute à cet instant durera trois ans et demi.

En arrivant à Lauzière, à peine sommes-nous sortis de la voiture que ma tante accourt précipitamment pour prendre des nouvelles. En effectuant un effort surhumain ma mère arrive à lui dire que mon père est mort. Ma tante sombre, puis se ressaisit d'un coup, par pudeur pour nous, se disant qu'elle doit être forte et digne pour nous soutenir plutôt que de se laisser aller. Cette femme est admirable, autant que son mari qui nous a accompagné pendant toute cette journée de merde.

Nous entrons dans la maison, gagnons le salon. Ma mère, mon frère et moi-même nous asseyons sur le superbe canapé blanc de ma tante. J'ai l'impression que nous sommes trois anges du paradis, qui viennent d'entrer en enfer. Ma mère en pleure nous dit à mon frère et à moi: « il était tellement fier de vous... », cette phrase suffit à me faire perdre de nouveau pied. Je me rends compte que mon père ne m'a jamais dit qu'il était fier de moi, comme je ne lui a jamais dit que je l'aimais. Je me rends compte que de tous les mots qu'on emploie durant toute sa vie, on oublie parfois de prononcer ceux qui sont essentiels. A ce moment là, je me promets de ne plus jamais cacher mes sentiments à l'égard des gens que j'aime, c'est trop important. La mort ne nous laisse pas le temps de dire ces mots là. Et ce sont ces mots-là qui sont les plus importants dans une vie.

Les mots. Il faut que je trouve les mots pour téléphoner à ma petite copine de l'époque et à mon ami Yann, ami de skate, de foot, de musique, de classe, de connerie. Je ne suis pas en mesure d'appeler tous mes amis, trop terrassé, je choisi Yann car on est dans la même classe...il pourra expliquer à mes profs pourquoi je dois m'absenter quelques jours, le temps d'enterrer mon père, une banalité somme toute. En peu de mots au téléphone, Yann comprend la situation, je le sens abasourdi, paniqué, volant en éclat. Il me dit « je m'occupe de tout », sous-entendu au lycée et concernant le fait de prévenir nos amis communs. Je ne peux pas m'étendre, je raccroche le combiné. Et d'un! L'exercice est vraiment difficile. J'ai passé tant de temps à partager des petits bonheurs avec lui et mes autres amis, que partager une tragédie est une nouveauté insurmontable. Pourtant, je dois me ressaisir pour appeler ma copine. Téléphone tremblant, voix chancelante, je lui dévoile ma terrible révélation. Dans les premières secondes elle ne me croit pas, pense que je lui fais une blague, me corsant ainsi l'exercice (faut être con pour faire une blague sur un tel sujet !). Très vite elle cerne ma détresse, ma voix est suffisamment éloquente pour cela. Elle me dit qu'elle est « de tout coeur » avec moi, mais ses mots n'arrivent pas à éluder ma souffrance. Ce n'est bien sûr pas de sa faute, encore une fois, je reste persuadé qu'aucun mot ne peut réconforter dans un tel moment. L'intention si, mais pas les mots. Son intention, comme celle de Yann, m'ont touché.

Il est tard, nous mangeons machinalement, sans faim ni plaisir, le repas que ma tante nous a préparé. Puis nous rentrons chez nous, tous les trois accompagnés d'une autre tante (la soeur de mon père) qui nous a rejoint entre temps. Arrivés dans notre maison, il fait froid, nous nous couchons sans dire un mot. Ma mère ne peut pas rejoindre la chambre qu'elle partageait avec son mari, sa chambre, elle dormira sur le canapé-lit du salon en compagnie de ma tante. J'entends encore leurs pleurs au bout du couloirs. Je me bouche les oreilles et m'allonge dans mon lit. Je ne peux plus supporter la tension, la détresse, la souffrance qui nous enrobent. Je veux rester seul avec ma tête, tenter de faire le point. La journée que je viens de passer défile devant mes yeux, je suis incrédule, épuisé, j'essaie de penser à l'avenir sans mon père et je sombre rapidement dans le sommeil, aidé par le petit cachet blanc que ma mère m'a donné avant de me coucher.

2

EN ATTENDANT LE MARBRE

Mardi matin. Le petit cachet blanc de la veille a fait son effet. Je me réveille assez tardivement, un peu embrumé, un peu perdu. Il n'y aucun bruit dans la maison. Je me lève fébrilement, j'avance dans le couloir pour vérifier que je suis bien seul. Je déambule dans la maison sans réfléchir, perdu dans le silence. Je n'arrive pas à ordonner mes pensées. D'un coup, la sonnette retentit. Je me dirige vers la porte d'entrée, l'ouvre et découvre notre voisin sur le perron. Il me dit que si nous avons besoin de quoi que ce soit, nous ne devons pas hésiter à les solliciter. Il désire continuer à me parler, mais sa voix le trahit, l'émotion l'étrangle, il me fait un signe de la main et repart. Je le regarde partir. Ça y est, je suis de nouveau dans le bain, la tension remonte, la boule au ventre revient, la colère aussi, et la souffrance se réanime d'elle-même. A partir de cet instant, je crois que je n'aurais quasiment plus de moments de répit. La visite de notre voisin sera la première d'une (très) longue série, qui sera insupportable, insurmontable, fatiguante.

Ma mère, mon frère et ma tante reviennent. Ils sont allés effectuer les démarches administratives et commerciales qu'imposent un décès : faire la déclaration en mairie, réserver un emplacement au cimetière, prévoir la cérémonie religieuse et récupérer le catalogue des pompes funèbres. Oui nous allons devoir choisir un joli cercueil parmi une gamme complète où chaque modèle exprime un témoignage au défunt. C'est comme ça qu'on nous présente ce catalogue ignoble. Poésie macabre et écoeurante mais passage obligé. Je ne me doutais pas qu'on faisait autant de commerce avec la Mort. A 17 ans et demi, je découvre ainsi l'envers du décors, une partie insondable de la vraie vie et du cynisme des adultes, de la société, de notre société occidentale. La colère continue de croître au plus profond de mon être. Tant d'incompréhension, de douleur et de désespoir. Mais où tout cela va-t-il bien pouvoir s'arrêter ?

Mon frère s'attelle à prévenir la famille et les amis de la famille par téléphone de la nouvelle. Je ne serai pas capable de le faire. Je lui laisse volontiers cette tâche et me replie dans ma chambre. J'ai besoin de quiétude, de calme, de m'extraire de tout ce fracas légitime. J'aimerais être seul, n'avoir à gérer uniquement que ma petite personne, faire le point, mettre en marche une réflexion sur ma vie future, sur ma famille. J'aimerais me reconstruire tout de suite, éluder les larmes, les miennes et celle des autres. J'ai cette prétention qui sera très vite liquidée par la suite des évènements.

Dès que ma mère sent que je suis en train de sombrer, elle accourt pour me délivrer le petit cachet blanc, dont je ne sais plus trop si il me fait du bien ou du mal. Sans réfléchir, je l'avale. On verra ensuite.

Un peu plus tard dans la matinée (ou dans la journée, je ne sais plus), en regardant à travers le rideau de ma chambre, je me rends compte qu'une ambulance se gare devant la maison. Mon père est de retour. Je ferme les yeux, je ne veux pas voir ces deux types tout de blanc vêtu sortir le brancard sur lequel mon père est allongé. Je ne veux pas voir mon père dans cette position. Ils lui ont certainement couvert le visage avec un drap, et je crois que je ne pourrai pas supporter cette vision. Je veux garder des souvenirs intacts de lui. Je reste donc enfermé dans ma chambre, porte close. J'entends les déambulations des deux infirmiers dans la maison, guidés par ma mère, qui vont déposer mon père sur son lit. Son dernier lieu de repos. Sa chambre se transforme en un instant en sanctuaire impénétrable pour moi. un sanctuaire se situant à un mètre de ma porte, un lieu interdit. La situation est surréaliste. Mon père est mort à côté de moi, à quelques mètres. Je suis terré dans ma chambre, atterré par la situation que je vis à ce moment là. Je ne peux plus sortir de ma chambre des fois que la porte du sanctuaire soit ouverte. J'attendrai que quelqu'un vienne me chercher. Ai-je vraiment envie qu'on vienne me chercher ?

L'après midi du mardi et l'intégralité de la journée de mercredi vont être marqués par les visites des proches, venus pour se recueillir auprès de mon père et pour nous épauler. Nous épauler. Rien ne pouvait chasser notre tristesse, aucune visite, aucune parole, aucune présence (ou presque). Mais nous sommes en perdition, nous subissons les allers et venus. Personnellement, toutes ces visites n'auront qu'un effet négatif (ou presque) sur moi, j'aurais préféré rester seul, loin de tous et de toute l'agitation lacrymale qu'elles vont engendrer. Nous resterons enfermés dans la maison pendant ces deux jours sans quasiment sortir le nez dehors. Pourtant, un soleil resplendissant, presque provocateur et insolent, sévit durant ces deux journées.

Le défilé de la douleur a donc commencé. Je ne me rappelle plus de toutes les personnes qui ont pu y participer, mais je me souviens de certaines scènes, de certaines phrases, de certains cris de douleurs intraduisibles qui résonnent encore aujourd'hui au creux de mes oreilles. Celui de ma grand mère, la maman de mon père, fut effroyable. Perdre son enfant, je peux largement le concevoir aujourd'hui en étant devenu moi-même papa, doit être une douleur incommensurable que je n'ose m'imaginer. En entrant dans la chambre de mon père, je l'entendis hurler en boucle « mon bébé... pourquoi lui ? ». Pourquoi ? Cela faisait déjà deux jours que je ne cessais de me poser cette question sans avoir de réponse. Sinon que mes croyances religieuses avaient arrêté d'exister. C'était le début de ma réponse. Ce souvenir est l'un des plus fort dont je me souvienne. Il y eu également mon cousin qui, après avoir aperçu le corps de mon père, fut obligé de ressortir de la maison et ne voulu plus y rentrer. Stationné au fond du jardin, immobile, raide, déboussolé, perdu, tout comme moi. La mère de Yann passa aussi, ne put s'empêcher de retenir ses larmes, de nous témoigner avec pudeur et empathie qu'elle était malheureuse de nous voir malheureux. L'empathie atteignit son paroxysme après qu'elle m'ait dit que mes amis, Yann et Gégé, pensaient fort à moi, mais qu'il n'était pas capables de venir me voir. Je ne pouvais pas leur en vouloir car je n'étais pas capable de les recevoir, de me présenter avec dignité devant eux, l'émotion aurait été trop forte. Je dois également parler de ma copine de l'époque, Carole, qui vint me soutenir dès le mardi après -midi. Avec le recul, je me rends compte de ce qu'elle a enduré, de toute la souffrance qu'elle a dûe porter sur ses épaules, de toutes les larmes qu'elle a essuyées, de toute l'affection qu'elle m'a témoignée et qui m'a vraiment aidée à surmonter les évènements. Elle n'avait que seize ans mais réagissait et agissait comme une adulte. Le nombre de fois que ses bras m'ont recueillis quand j'étais en perdition, quand la souffrance devenait insupportable (c'est à dire tout le temps), le courage qu'elle a déployé pour supporter toute la tension qui régnait dans notre maison. Rien que pour ça, je pourrai lui témoigner mon respect immense pendant toute ma vie. Nous arrêterons notre relation l'été suivant, sans réellement savoir ce qui nous avait séparé. C'était comme ça et c'était ce que nous désirions.

Pendant tout ce temps mon frère (accompagné de sa copine de l'époque dont la présence nous fit du bien également) géra la douleur de ma mère et la mienne, avec grandeur, avec noblesse, avec force. Il me rassurait, il me racontait les diverses informations que nous recevions sur les circonstances de la mort de mon père à son travail et d'un point de vue médical. Ces informations étaient importantes pour nous, pour comprendre, pour commencer à digérer, pour débuter le deuil. Au cours de l'un de ces instants mon frère me serra dans ses bras et me dit pour la première fois de sa vie (mais cette fois était importante) : « je t'aime Manu ». L'émotion grimpa d'un coup, les pleurs s'accentuèrent, mais ces mots furent d'un réconfort immense. Non pas que je ne le savais pas, mais l'entendre est une chose beaucoup plus intense et apaisante.

Ces deux jours furent une épreuve difficile, fatiguante, où la souffrance se mélangea régulièrement à la confusion. J'attendais avec impatience qu'on en finisse avec tout ça, que mon père quitte la maison, que l'enterrement se déroule une bonne fois pour toute, qu'on retrouve un semblant de quiétude dans notre maison. J'attendais le calme, le silence, le repos, je désirais la solitude et non plus la sollicitude. La fatigue générée par la tension émotionnelle et la souffrance douloureuse me faisait perdre la raison.

Je n'aspirais plus qu'à une seule chose : recouvrer un brin de sérénité. Celle-ci ne viendra que trois années plus tard.

Jeudi matin, je me lève embrumé, j'ai eu du mal à trouver le sommeil, le petit cachet blanc n'a pas dû faire l'effet escompté. Dès le levé, j'ai une barre à l'estomac, dans deux heures nous allons enterrer Papa, comment vais-je réagir ? Il risque d'y avoir plein de monde, plein de monde que je n'ai pas envie de voir aujourd'hui, pas envie de voir dans ces circonstances. Je n'ai pas envie de partager ma peine avec les autres, sauf avec ma mère et mon frère. Je ne veux pas que les gens me voient fébrile, acculé, souffrant, ivre de douleur, certainement par fierté, mais je crois aussi par pudeur. Si quelqu'un pouvait dire à tout le monde de ne pas venir, cela me rassurerait. « Rentrez chez vous, il n'y a rien à voir », sinon de la douleur aiguë qui ne mérite pas d'être vue ni vécue. En fait je commence à être en colère, très en colère en me demandant pourquoi cela nous est arrivé à nous, pourquoi mon père est mort, pourquoi je dois subir une telle douleur dans tout mon corps et dans ma tête ? La pire des questions sera la suivante : pourquoi je ne réussis pas à répondre à toutes les questions précédentes ?

Malgré la barre au ventre, je me prépare

mécaniquement à vivre le pire instant de ma vie. Je me rends compte que je ne peux pas m'habiller en noir, car je n'ai pas de fringue de cette couleur. Je choisis le gris, rendant ainsi hommage à la couleur du ciel de ce jeudi matin. Une agitation désordonnée règne dans la maison ce matin. Des membres de la famille, oncles, tantes, cousins, grand mères... nous ont rejoint. Je m'isole un peu dans ma chambre avec Carole, jusqu'au moment où ma mère vient me chercher pour y aller. Sans réfléchir je la suis, couloir, garage, nous sortons devant la maison, il fait froid, très froid. Les membres de la famille nous attendent dans la rue. Je ne les regarde pas même si je les vois, je ne veux pas échanger de regards avec eux. Nous nous positionnons derrière la grosse voiture sombre au sein de laquelle se trouve le cercueil. Il est devant moi, à un ou deux mètres, je ne vois plus que lui, je le scrute, le dévisage. La voiture démarre, le cortège funèbre se met en marche. Nous remontons la route principale de Saint Xandre. En arrivant au dernier virage avant l'église, je me rends compte, après un regard furtif en direction de la place attenante à l'édifice religieux, qu'une foule dense s'y est massée. Il doit bien y avoir cent cinquante à deux cents personnes. Mon père mérite cet honneur que de nombreuses personnes se soient déplacées pour le saluer, mais moi je ne veux pas les voir. Ma mère qui me tient la main pleure depuis notre départ de la maison. Mon frère la soutient. Je reste droit, fermé, impassible (pour l'instant du moins), concentré sur l'arrière du corbillard, pour éviter de m'effondrer.

Une fois entrés dans l'église, nous prenons place au premier rang (pour ne rien rater du spectacle). Jusqu'ici j'ai réussi à rester digne. Le curé effectue sa cérémonie que je n'écoute pas du tout, perdu dans mes pensées troubles et même opaques. Et puis, à la fin de sa tâche, le curé demande aux gens présents dans l'église de bien vouloir venir bénir le cercueil (ou faire un truc dans ce genre là, je ne me rappelle plus très bien, et cela ne m'intéresse pas beaucoup non plus). Bref les gens commencent donc à défiler autour du cercueil et devant mes yeux. A la vision de toutes ces personnes, la barre que j'ai dans le ventre remonte dans ma gorge, je commence à avoir du mal à me contenir, les yeux me piquent, mes muscles se tendent. Je décide de plonger mon regard sur mes chaussures. Quelques secondes après, machinalement, je relève la tête vers le cercueil et je vois mes amis, Yann, Joce, Gégé, Guillaume, Drill, l'autre Gégé... tous debout à côté du cercueil. La détresse immense, saisissante, effroyable que je lis sur leur visage me révèle instantanément l'amour qu'ils me portent. L'émotion m'inonde, je m'effondre, les larmes pleuvent, je me rends compte que mes amis sont là, qu'ils sont venus pour m'accompagner, pour me soutenir, pour me témoigner leur amour, cela m'émeut, me bouleverse. En un instant je me demande si je mérite leur amour, si je mérite leur

31

présence. Ai-je moi-même été là pour eux dans le passé? Une brève mais intense remise en question m'électrocute. Je ne peux pas les regarder dans les yeux. J'aimerais leur crier que je les aime, leur crier merci, leur crier que je regrette les moments où j'ai été méchant et con avec eux... leur crier que je souffre. Mais je ne peux pas crier, les sanglots prennent trop de place dans ma gorge.

Après l'église, nous rejoignons le cimetière, toujours à pied, derrière la voiture sombre. il fait encore très froid. Je suis anesthésié par ce froid, par l'émotion, par la douleur, par la confusion. Quelques minutes plus tard, ma mère, mon frère et moi sommes positionnés devant le cercueil, qui est lui même placé devant le trou dans la terre qui va l'accueillir. Les « croques-morts » invitent les gens qui nous ont suivi jusqu'au cimetière à passer une dernière fois devant mon père, puis à ressortir de ce lieu rempli de plaques de marbre, de sanglots et de peines. Une fois que tout le monde est passé, la boîte en bois s'enfonce doucement dans la terre, les larmes ruissellent sur nos joues, je dis adieu à mon père.

Je ne le reverrai pas avant le mois de juillet 1997.

Quelque part je suis soulagé que la procession se termine, je m'imagine que je vais enfin pouvoir passer à d'autres choses, me reconstruire un nouvel avenir, recommencer à vivre. Ce que je ne sais pas à ce moment là, c'est qu'au contraire ce jour marque le début d'une descente aux enfers insidieuse qui me conduira aux bords de dérapages irrémédiables.

En sortant du cimetière quelques proches nous attendent pour nous serrer dans leurs bras, nous témoigner leur affection. Rapidement, nous rentrons (en voiture cette fois-ci) à la maison où une partie de la famille a déjà investi les lieux. Je rejoins très vite ma chambre, aspirant au calme, j'en ai marre de voir du monde. Carole m'accompagne, nous restons figés dans un silence salvateur, je m'assois sur le sol, souffle quelques minutes, je suis fatigué par la tension qui retombe. Les images des trois derniers jours, de l'hôpital, de l'enterrement défilent dans ma tête, je me demande si tout cela a vraiment eu lieu, impressionné par le surréalisme incroyable (mais vrai) de la situation. Retrouvant mes esprits, je réalise que tout cela a vraiment eu lieu, et qu'il va falloir apprendre à vivre avec.

3

LE DEBUT DE L'OBSCURITE

Le lendemain de l'enterrement (le vendredi), je ne suis pas allé au lycée. je ne me rappelle d'ailleurs pas ce que nous avons fait pendant cette journée. Certainement pas grand-chose, sinon de continuer à réfléchir à ma nouvelle situation de vie. Le décès de mon père aura eu pour conséquence d'avoir mis mon cerveau sans dessus dessous. Pour tenter d'ordonner mes idées et mes pensées je ne cessais de réfléchir au passé et à l'avenir. Je cherchais des moyens de reconstruire ma vie. Mais les solutions pour évacuer la douleur et la surprise de cette mort soudaine, ne s'imposaient pas d'elles-même. Le temps ferait peut être son oeuvre, estompant les meurtrissures du manque. Le manque d'un père, de son amour, de sa présence, de ses conseils, de son rôle de guide. Car, à presque 18 ans, on n'est pas adulte même si on le croit.

Je commençais également à réfléchir à notre société, à mon avenir au sein de cette société, au sens que je devais donner à ma vie. Me dire que le travail avait eu la peau de mon père remettait en cause violemment cette notion dans mon esprit. Me dire que la rentabilité économique était l'une des causes de ma souffrance commençait à orienter mes idées politiques et mes idéaux sociaux. J'avais acquis en une semaine une haine gigantesque à l'encontre du patronat, du système capitaliste, de l'autorité hiérarchique, et de tout ceux qui courent après le pognon au détriment des autres êtres humains. Je considérais que ce système venait de tuer mon père, j'analysais sa mort comme un meurtre. Cette hostilité s'accroissait sans pour autant prendre une forme clairement définie et précise. Il est évident de ressentir de la colère après le décès d'un de ses parents, mais la mienne avait un nom : la rentabilité capitaliste. Le monde devenait horrible à mes yeux, et chaque injustice sociale, chaque atteinte au droit de l'homme me blessait profondément, car je savais que derrière ces maux il y avait la souffrance d'êtres humains. Une souffrance sensiblement proche de la mienne. Je devins donc beaucoup plus sensible à mon environnement, aux personnes que je rencontrais, aux parcours des uns et aux destins des autres. Un sentiment d'empathie pour les plus démunis (à tous les niveaux) s'empara de moi, et façonna par la suite ma construction citoyenne, mon idéologie politique et l'intégralité de mes choix de vie. Un événement tragique peut nous rendre meilleur. J'ai eu l'impression que le décès de mon père devait avoir pour conséquence de me rendre meilleur, plus ouvert, plus tolèrent, plus à l'écoute, plus humain. Pourquoi faut-il attendre qu'un de nos proches décède pour ouvrir les yeux ? J'avais un peu honte d'avoir été obligé de souffrir de la mort de mon père pour me rendre compte qu'avant cet événement j'étais un être humain individualiste et égocentrique. Après la souffrance du décès et du manque, je connaissais la souffrance de la remise en question. Toute ces souffrances contribuèrent à instaurer au plus profond de moi-même un mal-être perpétuel, continue, maladif, que rien ne pouvait effacer et qui m'accompagnait à chaque instant de ma vie. Pourtant, il était hors de question de partager ce mal-être avec qui que ce soit. J'allais donc débuter un long combat avec moi-même. Allais-je gagner ou sombrer dans l'infini désespoir qui me pousserait à commettre l'irréparable? Je ne maîtrisais pas totalement la réponse. Car la douleur dispose de cette faculté de nous faire perdre parfois la raison et d'alimenter le désespoir. Il n'y a rien de pire que le désespoir.

La samedi après-midi Carole est reparti chez elle et le dimanche, ce sera le tour de mon frère de regagner sa caserne grise. Nous nous retrouvions seuls, ma mère et moi, en ce dimanche soir. Le silence s'est installé dans la maison. Ce même silence, que je désirais tant retrouver trois jours plus tôt, devenait pesant et lugubre en cette veille de retourner au lycée, de retourner à la vie sociale. Je redoutais le regard des autres, ceux de ma classe, de mes professeurs, je ne voulais pas être confronté à leurs yeux qui trahiraient un éventuel semblant de pitié.

En arrivant au lycée le lendemain, je choisis de ne pas engager de conversations avec les autres (sauf avec mes amis), mon regard était fuyant, mes mots retenus. Les heures passèrent et je me réhabituais doucement à la vie de lycéen, cette vie qui me paraissait dérisoire et à mille lieux de mes préoccupations, de ma douleur. Je me souviens du lundi midi, à la cantine. Je mangeais avec Yann, Gégé et Guillaume qui tentaient de toutes leurs forces de me changer les idées. Au cours du repas et des innombrables discussions décousues qui nous animaient, nous partageâmes un rire commun et sincère. Après avoir ri, j'ai eu subitement honte. Honte de retrouver une petite joie de vivre alors que mon père était décédé une semaine plus tôt. Avais-je le droit de rire ? Avais-je le droit de quitter mon deuil ? N'était-ce pas une offense à la mémoire de mon père ? Ce rire naturel et instinctif me retrancha dans d'interminables questions. Alors que je reprenais simplement goût à la vie, je me sentais obligé de me torturer. Progressivement, pourtant, ces tortures s'estompèrent, et même si la douleur était toujours à mes cotés, j'arrivais à y faire face (ou presque). Je commençais à apprendre à vivre avec elle, tant bien que mal.

Ma mère n'eut pas la force de m'accompagner dans cette reconstruction, et je la comprenais. je ne lui en ai jamais voulu, je préférais qu'elle s'occupe d'elle-même comme moi je m'occupais de moi. A quelques reprises, je m'occuperais pourtant également d'elle. Comme ce matin où je la rejoins dans la cuisine pour prendre mon petit déjeuner avant de partir au lycée. Je lui parle, elle ne me répond pas. Son regard est plongé dans le vide, dans le vide immense de sa souffrance. Puis elle éclate en sanglot et je la réconforte en lui disant que la vie doit continuer, qu'elle a encore moi et mon frère et que, même si on est grand, elle doit s'occuper de nous. Je la réconforte alors que je n'arrive même pas à me réconforter moi même. Mais j'ai la force de l'aider, heureusement d'ailleurs. Ces instants sont gravés à tout jamais dans ma mémoire. Soutenir sa mère à 17 ans et demi est quelque chose que je ne souhaite à personne. Mais je n'ai pas le choix et l'amour est plus fort que tout.

Pour se sentir moins seule et pour trouver des appuis affectifs qui l'aideraient à surmonter sa peine, ma mère fuit la maison tous les week-ends pour rejoindre la famille. Au cours de ces week-ends, je n'ai jamais été seul. Mes amis venaient me tenir compagnie. Il y en avait toujours un pour prendre un café ou boire une bière. Yann, Gégé, Guillaume, Nico, Drill, Dub, Lele, Joce... On partageait nos samedis et nos dimanches à faire de la musique ou à jouer au basket. Le décès de mon père avait encore plus renforcé mon amour envers mes amis. Ils étaient mon point d'appui, mon support, ils me permettaient de ne pas sombrer au plus profond de ma douleur. A côté de ça, je ne leur parlais jamais de ma souffrance, ils la connaissaient, la ressentaient, la voyaient peut-être à travers mes gestes et mes attitudes, mais je n'avais pas envie d'en rajouter et de les gonfler avec mon bordel psychologique. Ils étaient simplement là pour moi, et je leur dois beaucoup, beaucoup plus qu'ils ne le croient.

Pourtant, à plusieurs reprises je n'arrive plus à assumer mon mal-être. Dans ces phases là, je rejoins le cimetière, je m'assois au bord de la tombe de mon père et je lui raconte à quel point j'ai du mal à vivre sans lui, à quel point son départ me fait mal. Pendant de longues minutes je parle à ce morceau de marbre qui l'abrite, comme un fou parle à un arbre. Je lui demande de m'aider, de me donner la force de continuer à vivre. Ces instants me permettent de pleurer, me rendent légitime à pleurer. J'évacue la tension nerveuse qui m'habite et je dégage un peu de douleur. A de nombreuses reprises, j'ai envie d'en finir pour arrêter de souffrir, le fait de parler à sa tombe atténue cette souffrance, momentanément du moins. C'est déjà ça.

Je me tourne également vers l'écriture qui devient très vite un exutoire de mes maux et de mes pensées sordides. Je rédige des poèmes, des textes d'éventuelles chansons, des centaines de lignes plus ou moins morbides évoquant ma douleur ou celle des autres, ma vision du monde. Je remplis des feuilles blanches d'idées noires, et cet exercice me fait un bien fou, me délivre d'une partie de ma souffrance. Je fonctionne par l'écriture automatique en écrivant ce qui me passe par la tête. Le résultat est souvent surprenant. Je fait lire certains de ces textes à Joce et à quelques autres pour avoir un retour, davantage sur la forme que sur le fond.

Je crois d'ailleurs que Joce est touché par mes mots, ce qui nous conduira l'été suivant à composer quelques morceaux de Blues (fortement marqués par Paul Personne, notre coup de coeur commun du moment) sur lesquels je chanterais certains de mes textes pendant qu'il les mettra en musique. Ainsi naîtront « The Twins ». Nous fabriquerons une petite dizaine de titres que nous enregistrerons avec les moyens du bord, c'est à dire avec la chaîne hifi de son père. Nous demanderons d'ailleurs à ce dernier d'effectuer des photos de nous deux pour agrémenter la pochette « fait main » qui accueillera la cassette dont nous aurons accouché. Ce fut de l'artisanat par excellence, et surtout un plaisir immense de s'investir et de concrétiser ce projet. Quelques exemplaires seront distribués à nos amis, mais, avant tout ce projet commun renforcera les liens déjà forts que j'entretenais avec mon meilleur ami. Parler de la mort de mon père à travers quelques chansons figurant sur une cassette était un moyen de lui rendre hommage, de faire perdurer son souvenir. Et Joce m'avait permis de concrétiser ceci. J'en était fier. J'en suis encore fier malgré la fausseté de mon chant.

Il faut d'ailleurs rappeler que la musique avait pénétré nos vies l'été d'avant. Yann (guitare), Gégé (guitare) et Guillaume (batterie) avait décidé de monter un groupe. Il leur manquaient un bassiste et, comme un cheveux sur la soupe, sans vocation ni passion débordante, mes parents m'achetèrent pour mon anniversaire une basse pour les accompagner et prolonger notre amitié avec la musique. Yann et Gégé me montrèrent les rudiments de la pratique de la basse, le minimum nécessaire pour les accompagner et prendre un peu de plaisir. Nous reprenions The Beatles, The Rolling Stones, Serge Gainsbourg... je devrais d'ailleurs dire nous écorchions les belles musiques des artistes précités. Mais qu'importe, nous étions ensemble, c'était l'essentiel. La musique ne sera à cette époque qu'une passion naissante pas encore affirmée. Ces moments de partage pendant les répétitions seront autant de moments qui me feront oublier et digérer mon mal-être. Même s'il ne tardait jamais à revenir... lui ne m'oubliait pas.

Pour en revenir à ma collaboration musicale avec Joce, nous avions vécu une expérience de concert commune et singulière quelques semaines avant notre enregistrement en tant que « The Twins » (au mois de juin 1994). Le père de mon ami était chef de service en kinésithérapie au sein d'un centre de rééducation fonctionnelle dans lequel de nombreux enfants étaient hospitalisés. Pour changer le quotidien de ces jeunes et effectuer un spectacle à l'occasion de

42

la fête de fin d'année du centre, le père de Joce lui avait demandé s'il lui était possible de réaliser un concert. Ayant accepté cette offre, mon compère m'avait demandé de l'accompagner musicalement en tant que bassiste. J'avais accepté sans hésiter. Ce concert était important pour moi, j'avais envie de donner des émotions et du plaisir aux autres, et en particulier à des enfants que la vie n'avait pas épargné, fauchés par des handicaps lourds. Prévenant, Joce avait pris le soin de m'expliquer à quel type de public nous serions confrontés. Il m'avait indiqué à quel point notre venue représentait une véritable récréation dans la vie des ces gamins, une rupture dans un quotidien façonné par le poids des pathologies, le choc de l'infirmité, l'enfermement dans la détresse et le cloisonnement au sein de l'univers hospitalier. Bien que bouleversé et secoué par la description de mon ami, celle-ci renforçait mon envie d'offrir à ces enfants un instant de bonheur grâce à quelques chansons. Nous arrivons donc au centre en milieu d'après midi afin d'installer notre léger système de sonorisation et d'effectuer quelques réglages techniques. Nous sommes méticuleux et assidus car nous avons envie de proposer un concert sérieux qui restera un joli souvenir pour notre public. Concentrés sur nos prérogatives techniques, j'entends tout d'un coup une voix dans mon dos me demandant quels types de musique allons-nous jouer en soirée pendant notre prestation. Je me retourne et j'aperçois une jeune fille belle comme le jour me souriant, ayant peut-être un ou deux ans de moins que moi. Je répond à son sourire par un autre, puis à sa question. Nous entamons une discussion chaleureuse sur la musique, sur ses artistes préférés, sur nos instruments. Et puis, au milieu de nos échanges, dans un moment de réflexion je baisse la tête machinalement. Mes yeux se fixent avec insistance sur la jambe droite de ma jolie interlocutrice. Je découvre avec stupeur qu'une large cicatrice se dessine du bas de sa cuisse jusqu'à la base de sa cheville, entrecoupé de morceaux métalliques qui ressortent de son membre (je crois que ça s'appelle des broches). Je relève la tête rapidement pour ne pas la gêner, même si de nous deux c'est certainement moi le plus gêné, pour ne pas dire le plus honteux d'avoir laisser transparaître une forme de surprise sur mon visage en voyant sa blessure. Devant avoir l'habitude d'être confrontée à des interlocuteurs surpris par la physionomie reconstruite de sa jambe, elle fait semblant de ne pas s'être rendue compte de ma gêne en me souriant tendrement. Elle n'est ni déçue de ma réaction, ni peinée par mon silence. Elle est digne et magnifique, j'ai honte et je ne peux décemment pas m'en excuser. Pour ne pas m'accabler elle continue la discussion avant de me dire qu'elle est très impatiente d'assister à notre concert. Puis elle ajoute « à tout à l'heure », me tourne tendrement le dos et part en boitillant, majestueuse et pleine de grâce. Je suis ébahi par son courage, par sa sérénité, par sa force.

Je viens de vivre une leçon de vie magistrale, qui me motivera d'autant plus à produire un concert exceptionnel en soirée. Consécutivement à cet épisode, Joce m'offrira un léger sourire solidaire et chaleureux. Aucun mot ne sortira de nos bouches, mais nos yeux parleront à leur place avec une émotion sincère et non feinte. Le moment venu nous effectuerons un concert composé de reprises de variété française et internationales au sein duquel nous mettrons toute notre énergie, toute notre passion, tout notre amour. En fin de soirée, une fois notre prestation achevée, les enfants viendront à notre rencontre les yeux humides, le visage illuminé de sourires merveilleux dégageant une émotion bouleversante et belle que je n'oublierai jamais. A cet instant Joce et moi sommes autant comblés que notre public. Je me sens tellement bien d'avoir donner du plaisir à ces gamins, d'avoir vécu un partage humain aussi intense. Je commence à découvrir le pouvoir fabuleux de la musique. Cette aventure m'imposera l'humilité, et me fera oublier pendant quelques heures mon mal-être.

La musique, l'écriture et l'amitié me soignent donc doucement. A celles-ci il faut également ajouter le sport et particulièrement les entraînements et les matchs de basket que j'effectue avec mon club aux côtés de Joce. Nous voyons le sport comme une activité ludique, un moment de partage supplémentaire, un moyen de se retrouver. Je n'ai pas vraiment une âme de compétiteur et encore moins depuis la mort de mon père. Mettre les gens en compétition est un truc que je trouve totalement con (sauf quand l'équipe de France de foot est en finale de la coupe du monde). Au demeurant, nous passons beaucoup de temps à nous amuser dans cette équipe au sein de laquelle nos amis Nico et Drill nous accompagnent. L'amusement est tel qu'en fin de saison, lors d'un des derniers entraînements (le dernier pour moi), où nous étions quatre joueurs alors que l'équipe comptait au bas mot au moins une bonne douzaine de membres, Joce et moi nous faisons sérieusement engueuler par l'entraîneur car nous rigolons un peu trop. La saison était finie, nous n'avions plus aucun match à jouer, nous n'avions rater quasiment aucun entraînement sur l'année, et malgré ça nous n'avions pas le droit de nous amuser. L'attitude de notre entraîneur m'a gonflé mais je n'ai rien dit. J'ai simplement enlevé mon maillot et je lui ai envoyé dans la gueule lui disant qu'elle ne me reverrai plus. Et elle ne m'a plus jamais revu. Je crois que sa volonté de faire de nous des compétiteurs m'a vraiment agacé, cela allait à l'encontre de ma manière d'envisager le sport. J'aurai pu et dû simplement le lui dire. Sur le moment j'ai préféré lui montrer.

En parallèle, je continue la vie lycéenne préparant le bac et réfléchissant à la suite, c'est à dire à mes études. J'apprends au mois d'avril ou de mai (1994) que je suis admis en prépa-HEC (Haute Ecole de Commerce) à Bordeaux. Mes professeurs sont comblés pour moi et fiers d'avoir lancé un élève sur les rails d'une grande école. Pourtant je ne veux pas (plus) étudier le commerce, le business, ni m'inscrire dans des études qui m'obligeront à foutre les deux pieds dans le système capitaliste que je hais depuis le départ de mon père. J'ai tiré un trait sur les études commerciales, je n'irai donc pas à Bordeaux. A la place, je m'inscris à la faculté de droit de La Rochelle avec l'idée de devenir flic. J'envisage le boulot d'un inspecteur ou d'un commissaire de police comme un emploi pour aider les autres d'une manière concrète. Fuir le capitalisme pour devenir utile à quelque chose, voilà mon ambition dans la vie !

Le 21 mai (1994) j'ai 18 ans, le 16 juin suivant j'obtiens mon permis de conduire et début juillet je suis titulaire du Bac. Il y a comme un vent de liberté qui souffle sur mes épaules, mais la satisfaction n'est pas totale. J'ai toujours ces ombres dans ma tête qui me donne cette boule dans le ventre, je ne suis jamais vraiment libéré de mes démons, mais j'avance. Juste après que je sois allé consulté les résultats du bac, je rentre à la maison pour annoncer à ma mère que j'ai obtenu le fameux diplôme (nous n'avions pas de téléphone portable à l'époque). Sa réaction me surprend car elle est vive et intense. Ma mère me saute au cou, m'embrasse et me témoigne à maintes reprises qu'elle est très contente. Avoir le bac me paraissait être une évidence. J'ai l'impression qu'elle était persuadé que je ne l'aurai pas. Pourtant, mes résultats scolaires avaient été bons et constants jusqu'à la fin de l'année. Peut-être a-t-elle cru que le décès de mon père affecterait ma capacité à obtenir ce diplôme. Au demeurant, à ce moment là, je suis terriblement content d'avoir pu la rendre heureuse et de la voir autant sourire.

En ce début de soirée des résultats du bac, le soleil est magnifique et l'air encore très chaud. Pourtant, je n'ai pas rejoins mes potes de classes pour fêter notre victoire. Je dois avouer que Yann et Gégé V. devaient aller au rattrapage, du coup l'ambiance était un peu plombée. Je ne sais trop pourquoi, j'ai pris la voiture et j'ai roulé jusqu'au rivage d'une plage de galets proche de La Rochelle pour contempler le coucher du soleil et rester seul. Je n'ai pas fait la fête. En regardant l'océan, j'étais heureux et à la fois blessé de me dire que mon père aurait été fier de moi, mais qu'il n'était pas là pour partager ce petit bonheur. J'ai repensé à cette année scolaire qui venait de passer. J'ai revu tous les épisodes. J'avais besoin de me poser et de faire un bilan de tous les derniers évènements que j'avais vécus. Pendant cette petite heure passée sur cette plage je suis bien, serein. Cela ne m'était pas arrivé depuis le décès de mon père, et même si mon mal-être refera surface assez rapidement, je garde un excellent souvenir de ce moment.

Pour en revenir à la fête, nous la ferons quelques jours plus tard, après que Yann ait définitivement obtenu son bac. Nous étions enfin tous en vacances et titulaire du diplôme. Au fond du jardin des parents de Yann, ces derniers ont aménagé une sorte de petit studio où notre ami réside par intermittence. Une sorte de cabane hors du temps mais judicieusement élaborée pour nous accueillir. Ce lieu est surtout un repère à teufs que nous investissons dès que l'occasion se présente. Ce soir de juillet, Yann, Gégé, Guillaume et moi sommes allés acheter quelques bouteilles d'alcool et de bières dans l'optique de fêter dignement notre réussite au bac. Bien sur, ayant pris les devants, j'ai prévenu ma mère que je dormirai sur place. Le seul soucis est que le lendemain matin, ma mère doit nous emmener très tôt dans la matinée pour rapporter nos manuels scolaires au lycée. Gentiment, mais en ayant un pressentiment, elle me prévient qu'il faudra que nous l'attendions dans la rue devant la maison des parents de Yann à l'heure convenue. Je lui certifie qu'il n'y aura aucun soucis de ce côté là. Évidemment après avoir passé la nuit à boire comme des trous et à rire pour rien, le coucher s'est fait dans des conditions plus qu'approximatives. Je crois d'ailleurs que j'ai dormi par terre (j'ai de vagues souvenirs), et j'ai surtout oublié de dire à Yann de mettre un réveil. Dans mon rêve cela devait faire bien dix minutes que j'entendais quelqu'un tambouriner à la porte, et je me disais: « qu'il est con ce rêve, mais qu'il est con ! ». Jusqu'au moment où dans un effort cérébral surhumain je me rend compte que la porte est celle de l'endroit où nous dormons. En une fraction de seconde je me doute que ma mère est derrière la porte et je comprends déjà qu'on est dans le rouge ! Je répond machinalement aux assauts de ma mère sur cette pauvre porte: « Qui c'est ? », et je l'ouvre. Entre ma tête, mon haleine et ma coiffure au sortir du lit ma mère s'écrie: « mais vous n'êtes pas prêts ?!!! ». Alors que Yann vient à peine de sortir la tête de son oreiller pour comprendre la situation, je répond à ma mère avec une malhonnêteté prononcée et une crédibilité nulle : « mais si on est prêt ». Ma mère est furieuse, elle repart à la voiture en nous disant (engueulant) de nous activer. Un fou rire s'empare de Yann et moi, pourtant, en un instant on s'habille, et on sort de notre tanière. Yann a la pile de bouquin sur les bras, il se met à courir avant de se rendre compte qu'il n'a pas fermé la porte de la cabane. Il s'arrête net pour retourner lui mettre un coup de clef. Je jette un coup d'oeil vers lui et sous l'effet de son freinage brutal, je vois la pile de livre qui vole dans les airs et qui vient s'affaler sur le sol. A son regard je le sens perdu, et je ne peux m'empêcher d'exploser de rire. Je ramasse ses livres en riant aux éclats pendant que je l'entend boucler sa porte en riant tout autant que moi. Nous rejoignons la voiture en pleurant de rire, ce qui bien sur (je me met à sa place) énerve encore plus ma mère qui nous fait une leçon de moral de tous les diables. A ce moment là, j'ai encore des restes de la veille : envie de vomir, mal à la tête, suées qui me coulent sur le front. Je n'ose pas jeter un coup d'oeil sur la banquette arrière de la voiture de peur de croiser le regard de Yann et que notre fou rire reprenne. Je crois qu'on l'a bien fêté notre bac, en y repensant j'en ris encore.

La vie reprend ses droits, progressivement, les petits bonheurs reviennent naturellement. Pourtant, mes maux de ventre débutent. Par intermittence, une barre s'installe au niveau de mes abdominaux, signe physique que mon mal-être s'ancre dans mon corps, même si ma tête ne me le signale pas toujours. Par oscillation, je me perd parfois dans des idées noires sans raisons évidentes, ni explications rationnelles. Pourtant, dans ces moments là, je me sens cerné, sans issue ni aucune échappatoire aux messages lugubres que m'envoie mon cerveau. J'extériorise peu sur ce sujet, je combats seul mon mal-être, je me combats sans savoir quelles armes utiliser ni quelles stratégies adopter. Je me sens démuni. A maintes reprises, je me sens perdre la raison.

Comme cette nuit du mois d'août où je bascule dans un désespoir destructeur qui me conduira aux frontières du dérapage. Il y avait des journées où je me réveillais avec un poids sur mes épaules, avec cette barre au ventre, avec une douleur insidieuse et lancinante. Cette journée du mois d'août en faisait partie. Je me réfugiais dans la solitude, dans mes réflexions, dans mes questionnements pour saisir comment je pourrais combattre mes maux. Mais rien n'y faisait je n'avais aucune solution d'apaisement. La nuit venue, au cour d'une ultime randonnée réflexive, je me suis retrouvé dans ma voiture au bout d'une route qui se terminait par un petit ravin. En une seconde j'ai accéléré avec l'envie de mettre fin à ma souffrance. Et s'il fallait passer par le pire pour apaiser la douleur, à cet instants précis, cela ne me posait plus aucun problème. J'ai donc poussé la pédale de l'accélérateur au maximum, passé les rapports, et atteints une vitesse inavouable pour cette petite route. Je crois que j'ai réellement envisagé de faire un tout droit, d'en finir une bonne fois pour toute. Je voyais le ravin se rapprocher, un peu comme si ce n'était plus moi qui voulait m'y jeter mais lui qui m'attirait. Puis, un soubresaut affectif me percuta, m'encourageant à effectuer un freinage d'urgence et à m'arrêter à quelques mètres de l'inconnu. Je ne m'en étais pas rendu compte mais des larmes coulaient sur mes joues, je tremblais également. Ce soubresaut qui m'avait poussé à presser la pédale de frein, n'était autre qu'une pensée en direction de ma mère. Je crois que je me suis dis que je n'avais pas le droit de me faire avaler par ce ravin, car je n'avais pas le droit de laisser ma mère seule avec mon frère. Assis au volant de ma voiture, je craquais nerveusement tapant sur le tableau de bord, criant de douleur et de honte. La douleur de ne pas arriver à calmer mon mal-être. La honte d'avoir envisagé de tout quitter pour stopper la douleur. Cet exemple unique est la représentation parfaite du combat que je menais et qui me torturait constamment avec plus ou moins d'intensité selon les jours. Si ce type d'évènement ne se reproduira pas, mon mal-être, pour sa part, ne s'estompera pas. Pas à cette époque.

4

L'OBSCURITE

Septembre (1994), Yann, Gégé V et moi rentrons à la faculté de droit de La Rochelle. Une nouvelle vie débute. Nous sommes six cents inscrits en première année et tous entassés dans un amphi en ce premier jour de rentrée. Pour mieux s'intégrer à notre nouvelle scolarité et découvrir les plaisirs de la fac, nous décidons de rejoindre la première fête étudiante organisée par notre bureau des étudiants dans un bar de nuit de La Rochelle quelques jours plus tard. Nous sommes chauds, prêts à en découdre avec l'alcool et avec les éventuelles nanas qu'on pourrait rencontrer à cette occasion. Nous avons quand même préféré jeter notre dévolu sur l'alcool plutôt que sur les nanas, question de priorité ! Au cours de la soirée, alors que nous sommes en train de faire la course au nombre de verre d'alcool anisé ingurgité avec la table à côté de la notre, je m'aperçois que Yann n'est plus à la table. Bien que nous ayons déjà danser (un court moment), je ne pense pas que mon compère soit en train de se trémousser sur la piste. Après m'être assuré que nous ayons bien gagné notre course, je pars donc à la recherche de mon ami. Stroboscopes, musique à fond, état d'alcoolémie avancé, fumée de cigarettes, foule qui danse devant moi, à côté de moi, sur moi, je traverse la salle avec l'ardeur d'une limace et la détermination d'un panda pour rejoindre les toilettes du bar. J'ai comme un pressentiment, ou du moins je connais bien mon ami. Je me poste donc devant la porte des chiottes masculines, frappe à la porte et appelle Yann. Bien sur, d'une voix vaseuse et peu convaincue ce dernier me répond. Me voilà rassuré, il vomit ! Je lui demande s'il a besoin de quelque chose, mais il me répond que non. Je le reverrai quelques minutes plus tard dehors, dans la rue adjacente du bar en train de cuver, tout juste foutu dehors par un videur du bar pour occupation abusive des toilettes. Ce fut donc le moment pour nous de rejoindre la voiture pour nous reposer un peu. Quelques heures plus tard nous nous retrouvions sur les bancs de notre amphi, fatigués, avachis, avec les yeux qui se fermaient tout seul. Nous avions décidé d'aller en cours après la fête, pure connerie! Je me suis endormi sur ma table, puis réveillé en sursaut à la traditionnelle pause en entendant mes homologues se lever pour prendre l'air. D'un regard furtif je me rend compte que le maître de conférence est en train de me regarder, sourire en coin. Je prend mes affaires et je remarque que mon visage semble amuser les autres étudiants. Arrivant aux toilettes de la fac où je me pose la question de savoir si je vais poser un petite galette, je me rend compte en me regardant dans le miroir, qu'en m'assoupissant la tête posée sur mon pull à torsade, j'ai la marque d'une torsade incrustée sur ma joue, d'où le regard amusé de mes contemporains. Je décide donc de rejoindre ma voiture pour commencer ma nuit, j'y serai plus à l'aise.

L'alcool devient un tiroir dans lequel j'enferme provisoirement mes démons, un échappatoire au quotidien et aux résurgences de mon mal-être. C'est un exutoire occasionnel qui me permet de quitter la réalité tranchante de la vie pour gagner un univers parallèle sans question ni torture psychologique. Il accompagne les fêtes, les rires, les conneries, il crée des souvenirs et favorise le partage. Mais ses effets ne sont pas toujours ceux escomptés. Comme lors de ces soirées entre amis où, au contraire, l'alcool m'enfonce plus profondément la tête dans mon mal-être. Mal-être qui se transforme en torrents de larmes impromptus et inexpliqués que rien ni personne ne peut plus arrêter. Seuls les bras de mes amis me soutiendront avec force et justesse, avec amitié et amour, mais sans pouvoir changer mon état. Comme un vertige inexorable, l'alcool me fait toucher le fond et très souvent ce sont mes pensées vers les plus démunis, vers la misère du monde qui m'abattent en plein vol, comme si je devais supporter le malheur des autres et le synthétiser au plus profond de moi en un instant. Il en remonte une douleur implacable, une incompréhension sordide, un malaise lancinant qui me fait me demander pourquoi moi, gamin de France, ayant grandi sans ombre sur ma vie, avec de quoi manger, me vêtir, dormir au chaud, avait eu ces privilèges quand d'autres crevaient la faim partout dans le monde. Je crois que j'avais honte d'avoir ce mal-être perpétuel alors que me vie était plus luxueuse que celle de plus de la moitié de la population du globe. Je mettais ma vie matérielle sur le même plan que ma vie affective, pourtant, je savais que ce foutu mal-être n'était que la conséquence du départ de mon père. Mais la douleur du deuil était plus forte que l'analyse raisonnée et raisonnable de ma vie. Cette empathie du malheur des autres me percutait sans prévenir, accentuée par l'alcool, et tout s'écroulait autour de moi. Était-ce la reconstruction inconsciente d'une forme de légitimité à laisser couler les larmes sur mes joues ? Je me donnais la possibilité de pleurer sur le malheur des autres (qui me touchait vraiment par ailleurs) sans avoir honte, alors que pleurer sur mon sort me paraissait peut-être inconcevable, et encore plus devant mes amis. Je crois que certains savaient que derrière mes pleurs l'ombre de mon père se profilait, mais jamais je leur faisais état de ce mal-être qui me rongeait quotidiennement. Je ne sais pas vraiment pourquoi d'ailleurs.

Pourtant, à cette époque, une personne va recevoir les détails de mon mal-être. Pour la première fois une personne aura les détails de mon ressenti sur la mort de mon père. Une personne partagera ma souffrance. Une personne qui va devenir ma confidente : Christine. Rencontrée à la fac, cette amie va jouer un rôle primordial dans ma capacité à évacuer ma douleur. Elle recevra et absorbera ma détresse, m'écoutera sans jamais me juger, me soutiendra avec une force démesurée et entendra mes envies de mourir pour mieux faire en sorte de les chasser avec, simplement, son regard compréhensif, humain et attentif. Avec le recul, je me rends compte de l'immense poids que j'ai fait peser sur ses épaules, mais sa sensibilité lui permettait de transformer les idées noires que je lui divulguais en apaisement de mon être. Elle connaissait tout de ma douleur et c'était la seule. Le destin (notion abstraite à laquelle je m'étonne de faire référence) m'avait envoyé Christine pour combattre ma souffrance. Le courage que je déployais pour assumer ce combat n'était rien en comparaison de celui qu'elle mobilisait pour me soutenir. Le rôle qu'elle a joué dans ma vie est d'autant plus important que c'est grâce à elle que j'ai pu rencontrer la personne qui m'a réellement sauvé la vie dans les années qui vont suivre : la Musique.

Comme je le disais précédemment, au début de ma première année de fac, la musique n'est pas une passion affirmée, juste un passe temps entre amis, que je ne pratique d'ailleurs plus avec Gégé et Yann car notre manque d'assiduité m'agace. C'est un peu paradoxal pour quelqu'un qui se considère comme n'étant pas passionné! Christine va donc jouer un rôle primordial dans ma vie musicale puisqu'en me présentant son copain (Julien, qui deviendra son mari plus tard), je vais découvrir la musique sous un autre angle : l'exutoire artistique de ma vie torturée, qui me fera découvrir des émotions improbables et des sensations uniques. Je vais très vite me rendre compte que la musique me permettra d'exprimer des choses profondes, de lâcher du lest et d'exorciser mes démons. A cette époque, Julien (chant/guitare) joue avec son meilleur ami Franck (guitare/chant) et il cherche un batteur et un bassiste pour effectuer des reprise de Nirvana (qui a révolutionné mes goûts musicaux), Rage Against The Machine (qui m'a permis de prendre conscience que la musique était aussi un vecteur d'engagement politique) et les Smashing Pumpkins (que je n'ai jamais vraiment aimé). Bref, Julien et Franck m'invitent à jouer avec eux un vendredi soir du mois de novembre 1994. C'est d'ailleurs la première fois que je rencontre physiquement Julien, alors qu'il habite à moins de deux kilomètre de chez moi. Nous passons notre première répétition dans le garage de Julien, par un froid glacial, à reprendre des musiques de nos héros précités jusqu'à 4 heures du matin. Il fait tellement froid que nos doigts sont bleus, mais qu'importe, l'urgence de plaquer les notes sur nos instruments est plus importante que la couleur de nos membres. Nous concluons notre session musicale par une discussion. En fait, à ce moment, j'ai une envie folle de continuer à jouer avec eux, le courant

60

passe humainement et musicalement, nous avons répété toute la nuit sans nous en rendre compte. Mais je me demande si mes deux compères vont vouloir m'intégrer dans leur groupe, qui n'a d'ailleurs pas encore de nom. Eux, de leur côté, se posent la même question me concernant: vais-je vouloir jouer avec eux ? Après avoir tourné autour du pot pendant quelques minutes, nous nous rendons compte les uns et les autres qu'on a vraiment envie de jouer ensemble tous les trois, de trouver un batteur et de commencer sérieusement notre aventure musicale... l'une des plus belles aventures de ma vie. La passion venait de prendre forme en une répétition, un peu comme une révélation, qui nous conduira à répéter et travailler nos reprises pendant tous les week-ends à compter de cette nuit de novembre. Nous avons un rêve commun, Julien, Franck et moi : faire un concert devant un public!

La musique s'exprimera également d'une autre manière dans ma vie à cette époque. En effet dès que nous sommes à une soirée chez des amis, Joce et moi improvisons plus ou moins un petit concert, reprenant nos compositions enregistrées l'été d'avant et quelques reprises d'Eric Clapton ou de Paul Personne. Ces soirées « unplugged » (réalisée simplement avec une ou deux guitares acoustiques, surtout celle de Joce, et ma voix) alcoolisées et cigarétisée, nous permettent de prolonger l'intimité humaine et artistique que nous avions développée et créée lors de notre enregistrement estivale. Mais ces moments viennent également renforcer les liens affectifs indestructibles que nous avons construit tous les deux depuis notre rencontre quelques années plus tôt. Nos petits concerts sont souvent un succès, non pas que la qualité musicale qu'ils revêtent soit indéniable, loin de là, car je chante toujours aussi faux, mais les émotions qu'on dégage à travers nos chansons sont le reflet de l'amour réciproque qu'on se porte encore aujourd'hui. Cette communion musicale n'est que l'expression de notre amitié belle et surtout infaillible. Ces moments de partage seront des lueurs de bonheur qui éluderont l'obscurité de mon mal-être, au moins le temps de quelques notes. On se dit souvent qu'il est rassurant de pouvoir compter sur une personne quoiqu'il arrive. Moi je sais que je dispose de Joce pour jouer ce rôle. Et pour combattre les idées noires qui m'habitent, sa présence sera une aide indispensable.

A cette période je vis toujours chez ma mère, non seulement car je suis à la fac à La Rochelle qui se situe à une dizaine de kilomètres du domicile familial, mais aussi car je ne veux pas laisser ma mère seule dans notre maison. Cette situation nous conduit à nous aménager des sorties tous les deux : nous allons parfois au cinéma ou au restaurant, mais régulièrement, après mes cours, nous allons au centre commercial se situant à proximité de chez nous. Cette sortie récurrente en plein coeur de l'usine commerciale n'est certes pas la plus cultivante ni la plus épanouissante, mais elle nous permet de faire quelque chose ensemble et de nous changer les idées. Nous n'y allons pas pour effectuer des achats, mais pour nous sortir de notre solitude à deux, car au centre commercial, il y a des gens, des lumières, du bruit, de la vie, une vie qui nous manque parfois quand on se retrouve tous les deux dans le silence de notre domicile, plongés dans les souvenirs du passé. Bien que nous passons beaucoup de temps à discuter, un trop plein d'intimité domestique nous replonge parfois dans notre deuil. Dans la mesure où mon frère poursuit l'armée, puis commence à bosser dans une autre ville par la suite, ma mère et moi nous reconstruisons donc à deux avec les armes dont nous disposons et qui passent parfois par le centre commercial, aussi paradoxale que cela puisse paraître. Nous développerons à cette période une grande complicité, une grande connivence, celles d'une mère et d'un fils qui doivent réapprendre à vivre en ayant perdu un pilier essentiel de leur vie. Ces moments où chacun soutient l'autre amplifiera le respect immense que je voue à ma mère, non seulement car elle fait face à la situation avec force et dignité, mais en outre parce qu'elle restera constamment à l'écoute de mes préoccupations et de mes choix. Bien sûr, à aucun moment je ne lui parlerai de mon mal-être, de peur de la voir à nouveau sombrer. On se soutient mutuellement mais toutes les émotions ne sont pas bonnes à partager.

Pour en revenir à la fac, ma volonté première d'étudier le droit pour épouser une carrière dans la police nationale s'estompe et laisse très vite la place à un simple mais grand intérêt d'étudier pour mieux comprendre le monde dans lequel je vis. L'univers d'apprentissage de connaissances politiques et juridiques dans lequel j'évolue me permet de décrypter notre société et donc de mieux saisir l'origine des maux sociaux qui me bouleversent, me touchent, me blessent. Ce décryptage m'apaise car je découvre quelques armes pour cerner les injustices, la misère, la merde que brasse notre civilisation occidentale, moderne, capitaliste et meurtrie. Quand on comprend, on accepte mieux. Mes études de droit prennent donc un sens important à mes yeux, qui constituera la base de ma motivation pour travailler et réussir mes examens. Malgré la musique, les amis, les fêtes, je travaille beaucoup, ce qui me conduit à valider ma première année. En allant voir les résultats au mois de mai 1995, je me rends compte que sur 600 personnes inscrites en première années, seules 30 obtiennent leurs examens du premier coup, et j'en fais parti. Je comprends donc l'ampleur du boulot que j'ai fourni pour figurer parmi ces 30 élus. Je me sens fier, je pense à mon père qui l'aurait également été. Je termine l'année et fête cette victoire académique en prenant l'apéritif avec Pierre M., un maître de conférence qui avait su tout au long de l'année m'écouter, comprendre (et tolérer) mes révoltes et me soutenir dans mon travail. Un respect réciproque s'était construit entre nous, un respect qui dure encore dans la mesure où Pierre M. sera la personne qui, quatre années plus tard, orientera intelligemment et judicieusement ma réflexion sur mon avenir professionnel et me donnera les clefs pour rechercher un travail en adéquation avec ma personnalité et ma passion musicale... ce qui n'est pas rien. Tout au long de mes études cette personne jouera un rôle crucial dans la construction de mon avenir, de ma personne, de moi en tant qu'être humain.

C'est donc à la mi-mai que débute mes vacances, des vacances qui seront longues de quatre mois et qui débuteront en musique. En effet, après avoir trouvé un batteur peu de temps après mon intégration au sein du groupe, Julien, Franck, ce quatrième musicien et moi avions passé les mois mois d'hiver à travailler un répertoire de reprises musicales au sein duquel Rage Against The Machine, Nirvana, Faith No More et les Smashing Pumpkins étaient fortement représentés. Nous avions opté pour le nom « Broken noise », qui avec du recul était un nom vraiment nul à chier. On était jeunes. Ceci étant, nos derniers mois de travail musical allaient nous conduire à effectuer notre premier concert au sein de la salle des fêtes de

Saint Xandre. Organisé en dehors de toute légalité et avec une promotion se résumant au bouche à oreille, nous nous rendons très vite compte que l'évènement suscite un vif intérêt, puisqu'un peu plus de 300 personnes se sont massées dans la salle pour voir les trois groupes (dont le nôtre) qui allaient s'y produire. Nous allions donc accomplir notre rêve : faire un concert devant des gens. Nos amis, les amis de nos amis, les familles des musiciens, les copines, les potes de fac, et même des inconnus... bref, tout le monde est présent. Nous avons la pression, le trac, nous jouons en second et je crois me souvenir que nous avons peur de monter sur scène. Pourtant, nous le ferons ce concert, nous le vivrons, nous serons submergés par nos émotions. Des émotions uniques que je n'oublierai jamais, qui restent gravées dans ma peau, dans ma mémoire, dans tous mes membres, empruntes d'un plaisir incommensurable et inexplicable mais tellement intense. Je ressors de ce concert ivre d'un bien-être passager mais merveilleux qui me fera à nouveau prendre conscience que la musique est une thérapie douce et chaude qui soigne ma tête et mon corps, qui vide mon esprit de ses idées noires, qui élude temporairement mais intensément mon mal-être. Le déclic s'opère, dorénavant, plus rien ne m'écartera d'elle.

Fort de ce premier concert, nous enchaînons un mois plus tard sur la fête de la musique. Une connaissance du père de Franck est taulier d'un café à La Rochelle et nous permet de nous brancher dans ses locaux pour effectuer notre concert en ce 21 juin 1995. Il fait beau et chaud, ce qui favorise le fait que les gens aient envie de sortir et donc de se masser dans les rues rochelaises pour écouter la jeunesse s'exprimer à coups de guitares. Ce second concert sera tout aussi intense que le premier car nous ne jouerons pas devant un public, mais réellement devant une foule dense et réceptive composée de toutes les tranches d'âge et de toutes les catégories socio-professionnelles. C'est d'ailleurs ce qui me plaît dans cet événement : pouvoir proposer notre musique (énervée) à tout le monde et l'offrir à des gens pour qui cet Art n'est pas une sortie ou un loisir régulier. Nous jouerons notre set à plusieurs reprises durant toute la nuit et jusqu'à l'épuisement, jusqu'à ce qu'il ne reste plus qu'une vingtaine de personnes à nous écouter. Tous les applaudissements, encouragements, sourires et mots gentils que nous avons reçus résonnent dans nos têtes en fin de nuit, nous avons reçu tellement d'amour que nous ne savons plus quoi en faire. Après m'être rendu compte un mois plus tôt que la musique pouvait être une thérapie pour me soigner, je comprends également qu'elle nous permet de rendre heureux les autres, le public, les spectateurs. Cet échange émotionnel entre êtres humains qu'elle suscite est magnifique. Jamais je ne me coucherai aussi serein qu'après avoir effectué un concert. Les anglais appelle ça le « live », l'appellation est vraiment pertinente car sur scène on se sent terriblement vivant, en phase avec ses potes musiciens et en lien intime avec le public. La musique est une aventure artistique, mais humaine avant tout.

Quelques semaines plus tard, un nouvel événement viendra confirmer ce que j'affirmais précédemment. Nous changerons de batteur et accueillerons donc Toto au sein du groupe. Au-delà du fait que ce musicien soit une véritable machine à taper (sur ses fûts bien sur), une forte relation d'amitié va naître entre nous, qui viendra d'autant plus embellir notre partage musical.

Le mois de juillet débute et nous sommes plusieurs amis à squatter la maison de ma mère qui est parti en vacances pour un mois. Pendant ce mois, les nuits se suivent et se ressemblent : chaque soir, nous repoussons nos limites en terme de consommation d'alcool. Nous sommes très souvent une petite dizaine à festoyer sans retenue, laissant le rire et la joie illuminer nos soirées. L'intelligence est rarement au rendez-vous, mais qu'importe, nous décompressons et régressons à foison, nous nous créons une multitude d'anecdotes de beuverie, ce qui, sincèrement, me fait grandement du bien. Certains finissent d'ailleurs par dormir dans le jardin, d'autres sur le trottoir, rien de bien méchant, mais cela fait désordre dans notre quartier. Pour autant nous ne dérangeons personne (du moins nous essayons). A l'occasion des « Francofolies » (festival de musiques rochelais), mon frère et ses amis débarquent dans la maison familiale comme prévu. J'avais pris le soin avant leur arrivée de faire « place nette » : rangement et nettoyage. Par ailleurs, pour leur laisser le loisir d'investir les lieux agréablement, je décide de leur laisser la maison et d'aller dormir dans ma tente au fond du jardin. Très vite, je délocalise donc les fêtes avec mes potes au fond du jardin. Certains amis de mon frère planteront d'ailleurs leur tentes à proximité des nôtres, car avec nous le bar est toujours ouvert ! A l'occasion d'une de nos soirées quotidiennes, nous sommes quatre ou cinq potes à pratiquer notre rituel festif accompagnés, une fois n'est pas coutume, de notre ancien batteur venu nous rendre visite accompagné d'un de ses amis, pas méchant mais un brin con. Bref, pas de quoi fouetter un chat. Au cours de la nuit, mon frère et ses amis rentrent d'une de leurs sorties nocturnes rochelaises. Nous cohabitons à merveille, du coup, à leur arrivée, nous entamons des discussions. Alors que je suis donc en train de palabrer avec des amis de mon frère, un bruit inhabituel attire attention. Je tourne la tête et je vois un peu plus loin mon frère en train de gueuler sur quelqu'un dans le jardin. Mon frère ne s'énerve jamais. Jusqu'à ce moment précis, je ne l'avais jamais vu s'énerver contre rien ni personne. Je suis donc surpris de le voir dans cet état et, en une fraction de seconde, je sens une violence s'emparer de moi, façonné par la peur d'apercevoir mon frère dans un état d'énervement jamais constaté jusqu'alors. D'instinct je me mets à courir, j'enjambe la barrière qui est devant moi, et j'aperçois l'ami de notre ancien batteur (toujours aussi con-con), allongé sur l'herbe, qui refuse de se lever pour permettre à mon frère de garer sa voiture. Ma fureur est contenue dans mes poings serrés. La voix excédée de mon frère quelque peu sous l'emprise de l'alcool, attise ma fureur. D'un geste et sans me poser de question, je lève le type et lui fait comprendre qu'il faut qu'il dégage de chez nous. Je ne me contrôle plus, je lui hurle dessus, mon frère et ses amis m'arrête avant qu'un geste déplacé (une bonne baffe) viennent lui caresser le museau. Le type comprend le message et part se réfugier dans sa voiture. Après coup je suis étonné de ma réaction de soudaine violence à l'encontre de ce pauvre type. Cet épisode dont je ne suis pas particulièrement fier me permet de découvrir un visage de ma personne que je ne connaissais pas foncièrement. Le fait de voir mon frère s'énerver avait été l'étincelle qui avait mis le feu à ma poudre. Le voyant en état d'énervement, l'instinct de protection familiale et l'amour que je lui porte m'ont conduit à devenir littéralement fou et ivre de prendre la défense mon grand frère.

Quelques jours plus tard, je mets un terme à ma phase de camping dans le jardin pour partir en vacances avec Joce. Nous avons décidé de rejoindre La Palmyre avec un but bien précis : apprendre à faire du surf. Après quelques tergiversations, nous atterrissons au camping à la Ferme où nous plantons notre tente. Ce petit voyage a également pour objectif de se ressourcer un peu, de changer nos habitudes, de rencontrer du monde (des filles) et de partager un moment ensemble. Dès notre arrivée nous faisons quelques courses et décidons de nous préparer notre premier repas de vacances. Très vite, nous nous rendons compte que nous avons (j'ai) oublié les casseroles, ce qui rend un peu difficile la préparation du repas. Peu importe, nous ferons cuire nos boites de conserve à même le réchaud, enfin, jusqu'à ce que nous trouvions quelques restaurateurs rapides qui nous enlèverons cette corvée. Point positif, nous ne ferons que très peu de vaisselle pendant nos vacances. Ceci étant nous rejoignons la plage tous les après-midi de notre séjour. Dès le départ nous cherchons un coin tranquille, une parcelle de plage inoccupée où nous pourrons être tranquille pour nous essayer à notre nouveau sport. Après pas mal de kilomètres à pied à travers la forêt nous trouvons un lopin de sable désert. L'océan est devant nous, il est pour nous tout seul... l'aubaine. Nous enfilons nos combinaisons d'été et rejoignons l'eau. Assidus à notre tâche (vouloir nous lever sur nos planches poussés par les vagues) nous ne nous rendons pas compte que notre parcelle de plage s'est progressivement peuplée. En sortant de l'eau pour aller boire un peu d'eau, nous constatons que nous avons choisi d'apprendre le surf sur un territoire « nudiste ». Quelque peu surpris de ce constat, mon regard interrogateur se tourne vers Joce. Mon compère ne se démonte pas et me précise qu'il est peut être important de s'intégrer dignement parmi la population locale et donc d'adopter ses coutumes. Il allie le geste à la parole, enlève sa combinaison et son caleçon se retrouvant intégralement « à poil », fier, digne, la tête haute, le sourire en coin et le verbe léger. Souffrant d'un début de rire presque incontrôlable, je lui emboîte le pas. Nous étions venu pour surfer, et nous découvrirons finalement le plaisir de sentir la brise du léger vent marin nous caresser les bonbons de l'amour. Bien sûr, ce type d'endroit laisse apparaître parfois des spécimens corporels singuliers qui ne manquerons pas de provoquer chez nous des séries de commentaires ayant pour incidence de multiples fous-rires. Au demeurant, nous sommes plutôt dans notre élément et l'effet de surprise étant passé, nous éluderons notre environnement pour retourner à notre objectif principal : faire du surf ! La première journée n'est pas très probante dans l'apprentissage de cette activité sportive. En revanche, la seconde journée restera un moment inoubliable de nos vies. Au bout de quelques heures d'essais répétés pour se mettre debout sur nos planches, je vois d'un coup mon ami se lever sur son surf et se laisser porter par une vague. Je suis ébahi, séduit, heureux et convaincu que je dois faire comme lui. Et parfois, comme par enchantement, la magie opère. Je vois une petite vague arriver, je rame comme un fou, je sens qu'elle m'emporte, je donne une forte impulsion et je me lève sur ma planche quelques secondes après mon ami. Je n'oublierai jamais cette sensation unique de se sentir porté par l'océan, d'être debout sur l'eau, naviguant sur un bout de polystyrène résiné, je vois l'eau défiler tout autour de moi, j'avance, je marche sur l'eau, je me laisse porter jusqu'à la plage. Comme des enfants à qui on vient d'offrir un nouveau jouet, nous exultons, crions de joie, nous nous serrons dans les bras l'un de l'autre, heureux d'avoir vécu la même sensation à quelques secondes d'intervalle. Cette joie intense d'avoir réussi ce pourquoi nous avions décidé de partir en vacances est une satisfaction immense. Nous sommes non seulement heureux d'avoir réussi à surfer une vague, mais d'autant plus heureux d'avoir été ensemble pour vivre ce moment. L'amitié donne des ailes et ce jour là nous en sommes les témoins privilégiés. Après avoir réitéré notre petit exploit à plusieurs reprises, nous rejoignons le camping avec l'envie profonde de fêter notre victoire sportive. L'état de grâce dans lequel nous nous trouvons se prolongera pendant la soirée et la nuit qui suivra : rencontre de jeunes filles, concert improvisé à la terrasse d'un café, discussion au clair de lune, le tout savamment arrosé de bière. Ces moments-là n'étaient possibles qu'avec Joce. Nous avions une telle complicité, un tel respect réciproque, une telle connaissance l'un de l'autre qu'un seul regard, un seul sourire, un seul mot parfois nous suffisaient pour nous comprendre. Cette épopée qui se prolongera encore quelques jours ne sera que l'affirmation de l'immense affection que l'on se porte l'un pour l'autre. J'en garde un souvenir impérissable dans mon coeur.

5

LA FIN DE L'OBSCURITE

Je reprends la fac à la mi-septembre après quatre mois de vacances. Yann et Gégé V ont décidé de ne pas continuer le droit, ils ne m'accompagnent donc plus sur les bancs des cours. Quant à Christine, elle redouble sa première année, nous n'avons pas le même emploi du temps, je me retrouve ainsi quelque peu esseulé au sein de la fac. Cette solitude étudiante aurait pu être un atout supplémentaire pour me concentrer sur mes études. Pourtant, en ce début de seconde année, mon mal-être s'accentue sans cause précise, sans explication rationnelle, il m'envahit à chaque petite contrariété. Même si mes études m'intéressent toujours autant, très vite je les délaisse, je craque, j'ai besoin d'oxygène, je n'arrive pas à me mettre au travail, je manque d'assiduité, je n'arrive pas à m'investir dans la fac, je passe trop de temps à réfléchir, à me poser des questions sur ma vie. Je vais ainsi passer mon temps à faire du surf et de la musique qui seront les seules activités qui me permettront d'oublier provisoirement mes maux de ventres qui prennent de plus en plus de place. Mes week-ends, tout au long de cette année, vont se partager entre le surf, la musique et les fêtes.

Des fêtes de plus en plus alcoolisées, de plus en plus ridicules puisque leur finalité est de boire le plus possible pour oublier le monde réel. Les soirées beuveries deviennent très vite n'importe quoi, je m'enfonce, repousse les limites de ma personne pour voir jusqu'où je peux aller. L'alcool n'est plus un élément de la fête mais un moyen de changer de réalité, de quitter le quotidien qui me tiraille l'estomac. Pour autant, ce refuge dans la boisson ne me soigne pas et ne permet pas de construire de véritables instants de partage humain, de décompression, de repos psychologique.

Ce dernier trimestre de l'année 1995 est également marqué par la rencontre d'un groupe de filles avec lesquelles nous allons partager quelques soirées puis tous nos moments de temps libre, en oubliant parfois notre liberté. Nos fêtes entre garçons ne regorgent pas d'intelligence, il faut donc freiner nos excès idiots, non seulement par respect pour elles, mais, en outre, car nos arrière pensées de séducteurs nous y invitent. Cette rencontre va me stabiliser, me calmer, et me permettre de faire un peu moins n'importe quoi, mais elle n'enlèvera paradoxalement à aucun moment mon mal-être. Pourtant, l'une de ces jeunes filles, Marie H, va devenir ma copine. Je garde un mauvais souvenir de cette relation car, à cette période, je suis dans un état psychologique très abîmé. Cela se traduit par des prises de têtes constantes avec elle ou pas, d'ailleurs. Le problème ne vient certainement pas d'elle mais de moi et de mon mal-être devenu presque incontrôlable, qui me pousse parfois en quelques secondes dans une obscurité froide au sein de laquelle je me sens seul. Que ce soit en soirée, quand je prend un café avec des amis dans un bar, ou en pleine discussion, d'un coup je me déconnecte de la réalité, je pars dans les profondeurs de mes idées noires, je n'ai plus de notion de temps ni d'espace, je me retrouve simplement seul avec moi-même. Dans ces instants aucun sauvetage n'est possible. Parfois, Marie H me reconnecte à la réalité et j'ai l'impression de ne pas être à ma place, je n'ai pas envie de communiquer avec elle ou avec les autres, je me rends compte que je veux rester seul, retrouver cette solitude que je recherchais dans les jours qui ont suivi le décès de mon père. Notre relation est donc difficile à mener. Je pense que je ne suis pas assez équilibré à cette période pour donner de l'équilibre à notre relation.

Je souffre terriblement, j'ai quasiment des maux de ventre constants, je me lève avec, je me couche avec et ils m'accompagnent toute la journée. Je ne fais pas foncièrement le lien avec le décès de mon père qui date déjà d'un an et demi, surtout que mon mal-être s'amplifie alors qu'il devrait selon moi s'atténuer. Mais finalement, je n'ai pas fais le point sur ce décès. En outre, je ne me confie plus à Christine que je vois moins du fait de nos agendas trop remplis, ni à mes camarades de beuveries, et encore moins à Marie H qui recevra de ma bouche qu'une infime partie de mon mal-être, bien qu'elle le ressentira certainement par ailleurs. A la fois, je ne sais pas sur quoi j'aurai pu me confier, puisque je ne sais plus par quel bout combattre mon mal-être, je n'arrive pas à en déterminer la cause, il m'inonde trop pour avoir les idées claires et le recul nécessaire pour y faire face. Je m'enfonce sans trouver les ressources de remonter la pente. J'en crève de douleur.

Comme je le disais précédemment les seuls palliatifs à ma douleur restent le surf et la musique. Eté comme hiver, je passerais une partie de mes week-ends dans l'eau avec les potes Nico, Drill, Dub, Joce... à la recherche des vagues qui me feront oublier mes idées noires. Ce plaisir subtil nous conduira souvent à nous lever tôt pour épouser l'océan avant que le vent se lève et vienne détériorer les conditions idéales de notre plaisir. Je me souviens que les matinées fraîches, froides puis glaciales passées sur les plages sont de véritables moments d'évasion, tellement forts que nous ne pouvons plus nous en passer. Au printemps 1996, je pars un jeudi après midi en direction de la Vendée à la rencontre de vagues qui s'annoncent parfaites. En arrivant sur la plage, je crois rêver : je suis seul sur l'étendu de sable, il fait un soleil radieux, et l'océan a décidé de m'offrir le meilleur de lui même. Je m'enfonce dans l'eau, je prend quelques vagues mais j'ai quelques difficultés à prendre du plaisir car un fort courant vient le perturber. Je décide donc de ressortir de l'eau. Très vite je suis emporté par le courant d'une baïne, je rame mais je n'arrive pas à avancer, je dérive. Je ne suis pas un grand nageur mais j'ai l'habitude de faire du surf, de côtoyer l'océan. Je regarde furtivement vers la plage qui demeure toujours aussi déserte. Personne ne me voit me débattre contre les éléments. Je prend peur, je panique. Pendant un instant j'envisage le fait de renoncer à ramer, puis je ne veux pas abdiquer, dans un ultime effort je rassemble mes forces et je nage avec l'énergie du désespoir. Je m'arrête au moment où je sens le sable sous mes mains. Je sort donc de l'eau et je cours jusqu'au parking où j'ai laissée ma voiture sans me retourner vers l'océan. Je m'avachis contre la portière arrière, j'essaye de reprendre mon souffle et finalement je me mets à pleurer, contre-coup de la peur qui m'a envahi. Après quelques instants de fébrilité, je reprend mes esprits et je me rends compte que cette peur, qui m'a déstabilisée et effrayée, m'a également montré que je tiens à la vie, et que, malgré mes idées sombres (parfois suicidaires), ma volonté profonde est de vivre. Cette réflexion sera pour moi un point de départ pour retrouver le goût de vivre au quotidien, pour rechercher les causes de mon mal-être, pour commencer un véritable travail de deuil. Cet incident me permet de me rendre compte que quelque chose est en train de changer, très doucement mais avec la fureur de vivre.

En parallèle, la musique continue de

m'emporter dans ses flots de petits bonheurs humains et créatifs. Créatifs, car depuis l'arrivée de Toto au sein du groupe, nous avons entamé un travail de compositions qui nous stimule et nous permet de donner encore plus de sens à notre passion artistique. Nous allons également changer le nom du groupe et nous appeler dorénavant Iguana, en référence à la dénomination d'une vidéo de surf que nous affectionnons particulièrement. Nous répétons deux fois par semaine et nous nous cherchons encore artistiquement. Pourtant ces innombrables heures passées à caresser nos instruments se transformeront souvent en des instants de plaisir riche. Le fait de créer est une expérience phénoménale car on se rend compte que chacun appose une partie de lui même, de sa sensibilité, de ses émotions au sein de notes qui finiront par devenir des morceaux musicaux originaux. Humainement, ces phases créatives sont de véritables chocs émotionnels car elles nous procurent la satisfaction de participer à cette longue chaîne de création musicale qui nous a tant marquée et séduit jusqu'à présent. J'avais connu cette sensation avec Joce lorsque nous avions composé nos morceaux de Blues. Mais pour ma part l'expérience avec mon meilleur ami se résumait à l'écriture de textes, que je pratiquais déjà par ailleurs, et à chanter, activité dans laquelle je n'excellais pas (encore d'ailleurs). Du coup le processus créatif développé avec Iguana, au sein duquel je joue de la basse, est pour moi une révolution de l'esprit apaisante. Apaisante car elle me permet de puiser au fond de moi-même, dans mes sentiments les plus intimes, pour en ressortir une expression sonore tangible et réelle. Apaisante également car le résultat de la création me montre que je suis en vie, que je construis avec mes amis une oeuvre certes humble, mais prenant vie au gré de nos notes. Nous passerons donc tout l'hiver (1995-1996) à créer et travailler nos morceaux dans le but de les présenter à l'occasion de quelques concerts printaniers, et donc de confronter notre création au public. Public qui progressivement commencera à nous suivre, touché par notre musique. Ce sera le début d'une petite reconnaissance (locale) plutôt savoureuse et appréciable qui me réconfortera souvent. Ce partage avec le public deviendra une motivation supplémentaire pour continuer et amplifier notre travail de composition. La musique est majestueuse et s'avère être une véritable récréation dans ma vie torturée. Je sens qu'elle me permet de me construire, qu'elle me forge une identité, qu'elle affine ma personnalité et qu'elle donne progressivement un sens à ma vie. Elle panse mes plaies et égaye mes pensées... elle continue de me sauver de mon marasme psychologique.

Au mois de mai 1996 et à l'approche des examens de fin d'année, je sais que j'ai sacrifié ma seconde année de fac et que je ne serai pas en mesure de rattraper le retard accumulé dans l'acquisition des connaissances nécessaires à obtenir mon DEUG. Je crois que je n'étais pas en mesure de me concentrer sur le travail étudiant. Mon mal-être m'avait déstabilisé et mon investissement intense dans le surf et la musique avait fini de parfaire mon éloignement des réalités de la fac. Ce constat me chagrine un peu, car ce sera la première fois que ma scolarité sera marquée par un échec. Mais, à la fois, je sais pertinemment que je ne dois m'en prendre qu'à moi-même.

C'est également au cours de ce mois de mai que je fêterais mes 20 ans. Pour être tout à fait honnête cet anniversaire ne sera pas une fête mais plutôt un mauvais souvenir. Ma relation avec Marie H est toujours aussi compliquée par mon état psychologique, je suis fatigué de subir cette douleur qui m'accompagne tout le temps. Je me demande d'ailleurs régulièrement si notre relation ne me fait pas plus de mal que de bien. Je sais que ce n'est pas de sa faute, mais je suis trop usé psychologiquement pour assumer quelqu'un dans ma vie affective. Pourtant, à l'époque, je ne m'en rends pas du tout compte. Je suis tout simplement toujours aussi mal dans ma peau.

Mes maux de ventre perdurent. Ma mère me convaincra de consulter l'homéopathe de mon enfance pour lui parler des tiraillements qui secouent mon estomac. La douleur continuelle est telle que je n'ai pu lui cacher plus longtemps. Au cours de cette consultation, ce médecin m'interroge sur ce qui me perturbe au quotidien. D'une manière spontanée, je lui confie que je suis inquiet de l'état psychologique de ma mère, et que, dans la mesure où nous ne parlons pas de nos problèmes réciproques, j'ai peur qu'elle soit encore très anéantie par le départ de mon père. Je me rends compte au moment où je termine de lui évoquer cette préoccupation que je ne m'étais pas vraiment rendu compte que j'étais autant inquiet pour ma maman. Pourtant, c'est une réalité qui aspire une partie de mon énergie. Mon homéopathe (qui est également celui de mère) me rassure quant à la situation de ma mère, me précisant qu'elle se reconstruit doucement mais sûrement. Cette explication me rassure grandement et je sors de son cabinet plutôt soulagé par ces révélations.

Au cours de l'été qui va suivre, Marie H. va partir au Mexique où elle doit séjourner durant un an pour parfaire son apprentissage de l'espagnol. Nous mettrons un terme intelligemment à notre relation sans aucune promesse idiote. Même si son départ m'affecte, paradoxalement je respire, je me sens mieux et je termine l'été en étant plus serein. Au cours de cet été je passerais une grande partie de mon temps dans l'eau en quête de jolies vagues avec Dub, Drill, Joce... Par ailleurs, nous profitons de l'été pour préparer en répétition le premier enregistrement en studio d'Iguana.

En septembre, nous allons donc pour la première fois de nos vies nous confronter à cette expérience de figer sur bandes (nous ne sommes qu'à l'aube du numérique) le fruit de notre travail, de notre création et de nos émotions. Ce dont je me souviens avant tout c'est l'extrême concentration avec laquelle je vais aborder notre enregistrement. Nous désirons tellement réussir notre première démo que nous sommes tous en quête de nous dépasser pour atteindre notre objectif. Cela se caractérisera avant tout par une solidarité remarquable entre musiciens, la section mélodique (les guitares/chant) soutiennent la section rythmique (basse/batterie) et vice versa. L'envie de sortir de cette boîte à prises de sons avec un disque dont on serait fier galvanise les troupes et développe les liens affectifs qui nous unissent, et qui ne seront plus jamais démentis. Ce partage est un peu comme si, en enregistrant, nous avions vécu l'une des expériences les plus dures que nous ayons connues. D'ailleurs, j'analyse le travail en studio comme une expérience réellement pénible, nécessitant de tendre vers la perfection de la pratique musicale pour obtenir un résultat à peu près acceptable. Je ne prends pas de plaisir au cour des séances d'enregistrement, car il faut adopter la rigueur d'une machine en préservant toute son humanité pour que chaque note que je joue soit imprégnée d'une émotion qui me caractérise. L'exercice est vraiment difficile, surtout que nous sommes économiquement limités en temps : pas de places donc pour l'improvisation, l'expérimentation et la décontraction. Au bout de quelques jours nous ressortirons la tête du studio avec nos quatre titres en poche, une grosse fatigue sur les épaules, une tension en chute libre et la satisfaction d'avoir réussi notre pari. Après les séances de mixage, nous aurons dans les mains notre premier disque. Nous sommes terriblement fiers d'avoir accouché de notre première démo. Déjà, à l'époque, je conçois ce disque comme un objet, une trace, un souvenir que je serai susceptible de faire écouter à mes enfants : la photographie sonore d'un moment de ma vie résumant deux ans de mon existence musicale et donc humaine. Mais s'il est une sorte d'aboutissement, il n'en demeure pas moins le point de départ d'une nouvelle vie musicale. Car, à l'époque, nos quatre titres représenteront notre première carte de visite musicale pour démarcher et chercher de nouvelles dates de concerts. Un pas vers encore plus de plaisir et de bonheur, un pas en avant qui fait sérieusement reculer mon mal être.

Le jour même où nous recevons le disque (mixé et définitif) entre nos mains, Joce et moi devons rejoindre Poitiers où nous devons terminer de déménager mon compère. En effet, Joce va entamer sa vie étudiante à l'ufraps au sein de cette ville. Nous débarquons donc dans son nouvel appartement d'étudiant en début de soirée. Après avoir vidé la voiture et monté plusieurs cartons, nous décidons de prendre l'apéro de bienvenue. En quelque sorte on s'auto-accueille avec de copieux verres d'alcool anisé avant d'entamer une visite touristique des bars poitevins. Le but avoué est de nouer des liens avec les autochtones de sexe féminin en vue de préparer l'avenir étudiant de mon ami. Ainsi va débuter une longue nuit épique de baroudeurs pilotés par l'odeur de la niaule et galvanisé par la vision de décolletés accueillants. Primaire, certes, mais toujours respectueux. Chaque débit de boissons que nous intégrons est une phase supplémentaire en direction de notre désintégration. Après avoir dignement vidé de nombreux récipients d'alcool anisé dans des pubs variés, nous rencontrons un groupe de jeunes filles très moches (l'alcool minimise l'aspect physique de nos congénères) mais fortes (pour certaines) accueillantes, qui nous invitent à les accompagner en boîte de nuit. Nous ne sommes pas coutumiers de ce type de lieu mais, pour faire court, nous sommes énormément ivres et donc nous nous laissons porter par l'invitation. Je me demande d'ailleurs encore comment les videurs de cette boîte ont pu nous laisser y entrer. Au demeurant, nous voilà donc au coeur d'un lieu sérieusement enfumé, rempli de monde, expulsant une musique exubérante et pauvre. Qu'importe, nous nous trémoussons laborieusement sur la piste de danse pendant quelques minutes, puis je monte à l'étage, au second bar, avant de m'écrouler sur quelques fauteuils pour y entamer ma nuit. Subitement, je suis réveillé en sursaut par Joce qui m'indique qu'il doit partir réchauffer l'une de nos rencontres dans l'appartement de la demoiselle. Dans un effort démesuré j'approuve d'un rire fébrile, niais et gras, puis replonge illico dans mon sommeil. Je me fait réveiller une seconde fois (quelques heures plus tard) par une main tapotant délicatement sur mon épaule. Je me réveille, relève la tête, la lumière qui n'est plus celle des spots mais elle m'éblouit quand même temporairement. Il n'y a plus de musique et plus personne autour de moi, sauf le propriétaire de la main qui vient de me sortir de ma nuit. Je regarde ce personnage avec peine pour me rendre compte que c'est un (très grand) videur de la boite. D'une voie douce mais ferme il m'indique poliment: « monsieur, il faut sortir, la soirée est finie ». Comprenant ma situation je m'excuse (pour éviter d'éventuels soucis avec le personnel) et me lève brusquement pour me diriger vers l'escalier. Un peu trop brusquement ! Je vacille légèrement grâce aux quelques grammes d'alcool encore présents dans mon sang, et le videur pose une seconde fois sa main sur mon épaule pour m'éviter de tomber. Prévenant, le géant m'aide à rejoindre la sortie du lieu me demandant si ça va aller. Arrivé sur le trottoir, la fraîcheur matinale me ravive un peu et je lui réponds que tout va bien. Certains clients de la boîte de nuit sont restés dans la rue pour continuer leur conversation. Je cherche Joce du regard sans le trouver. Il est 5 heures du matin, je ne sais pas où je suis, dans une ville que je ne connais pas, et dorénavant je suis seul. Ma situation m'amuse et je décide donc d'attendre le retour de mon ami, si toutefois il ne s'est pas endormi sur son lieu de conquête. Pour cela, je m'allonge sur le trottoir et prends le parti d'y continuer ma nuit. Que peut-il m'arriver ? Au pire, quelques policiers bienveillants m'emmèneront en cellule de dégrisement, je m'y reposerais et cela me donnera des souvenirs à raconter. La situation sur le moment m'amuse encore plus. Je ne suis allongé que depuis quelques secondes quand une des jeunes filles qui nous avaient invitées dans la boîte de nuit vole à mon secours en me disant qu'elle ne peut pas me laisser dormir sur le trottoir. Elle et ses quelques copines encore présentes n'en reviennent pas de ma volonté d'épouser le bitume comme matelas. Elle insiste et m'invite à venir dormir chez elle. Parfois, on a des pressentiments qu'on n'explique pas, je sens au ton de sa voix que son invitation dépasse le cadre de l'hospitalité polie et dénuée d'arrières-pensées : sa proposition respire le piège à plein nez. N'importe quel homme dans ma situation aurait accepté, mais je ne suis pas n'importe quel homme. Au moment où je refuse donc l'invitation fermement, Joce arrive en courant, me serre dans ses bras et s'excuse de m'avoir abandonné aussi longtemps. Dans une élocution confuse il m'explique que cela fait plus d'une heure qu'il cherche la boîte de nuit en courant dans les rues de Poitiers, se demandant ce que j'étais devenu. Heureux de nous revoir, nous laissons les jeunes filles à leur déception et décidons de rejoindre l'appartement sans savoir vraiment dans quelle direction nous devons partir. On s'en fout, nous sommes ensemble, nous vivons un moment grandiose, nous rions aux éclats de notre première soirée en territoire inconnu. Nous sommes bien, heureux et c'est l'essentiel. Après avoir péniblement retrouvé le chemin de notre domicile et avoir copieusement dormi, nous réitérerons l'expérience le lendemain soir avec autant de fièvre et d'amusement. Nous rencontrerons d'autres jeunes filles beaucoup plus jolies que les précédentes, qui termineront leur nuit dans les quinze mètres carrés de notre habitat, en tout bien tout honneur... malheureusement. Cet épisode poitevin restera dans ma mémoire comme un souvenir extraordinaire d'une expérience de partage amical magistral avec Joce. Un souvenir parmi beaucoup d'autres, mais une belle aventure quand même.

En ce mois de septembre 1996, je sens au fond de moi un changement naître, marqué par une réduction de mon stress quotidien, de la douleur qui m'accompagne depuis plus de deux années, et de mes passages à vide. La musique, l'amitié, le surf ont certainement été des acteurs de ma réconciliation avec moi-même. Le temps également semble jouer en ma faveur. Je me pose toujours autant de question sur ma vie, mais les débuts de réponses que j'y apporte sont beaucoup moins grêvées par l'obscurité qui les caractérisait il y a encore quelques semaines. Je suis toujours en déséquilibre mais je perçois l'espoir de tirer un trait sur mon mal-être. Je sens que la cicatrice se referme même si j'ai conscience qu'elle fera partie de ma vie à tout jamais. Les premier temps de ce constat feront naître paradoxalement une peur improbable : celle de rechuter dans les méandres de mes maux de ventre qui s'estompent peu à peu, qui s'éloignent et qui ne me manquent pas. Parfois, j'ai également peur qu'en me sentant mieux, cela se traduise par l'oubli de mon père dans mes souvenirs. Ne plus percevoir son image, son visage, est une phobie à laquelle je réponds par un exercice de gymnastique de la mémoire pour continuer à faire en sorte que je préserve mes souvenirs de papa. Garder des souvenirs de mon père en passant à d'autres choses, je sens pour la première fois que c'est possible... le premier réel soulagement est là, je le tiens.

6

LUEUR DE VIE

Septembre 1996. Me voilà donc de retour à la fac pour y accomplir ma seconde seconde année. J'ai une petite revanche à prendre sur moi même, du moins au niveau de mes examens, je dois absolument obtenir mon DEUG et je vais décider de mettre en oeuvre un plan de travail pour y arriver. Première conséquence de ma volonté de me concentrer sur mes études sérieusement : je décide d'arrêter le surf car je n'ai plus le temps de le pratiquer en même temps que la musique. Car une chose est sure : je ne peux pas arrêter la musique. Elle est trop importante dans ma vie et participe d'une manière active au rétablissement de mon équilibre humain. Plus tard, je me suis demandé pourquoi j'avais choisi l'un plutôt que l'autre. La seul réponse que j'y ai trouvé est que le surf est une pratique individuelle en vue d'obtenir un plaisir personnel, alors que la musique est une pratique collective en vue d'obtenir un plaisir partagé. Cette distinction est finalement un léger résumé de ma vie : la recherche et l'importance des autres, le construction d'amitiés fortes, l'envie de partager et de fabriquer ensemble, l'envie de s'émouvoir ensemble. Les autres, mes proches, mes amis ont toujours joué un rôle prééminents dans ma construction humaine et dans la façon dont s'est composée mon identité, et ce bien avant la mort de mon père. Le départ de mon père n'a fait qu'amplifier ce sentiment car la reconnaissance et l'amour que m'ont témoignés mes amis étaient tellement forts que je n'ai quasiment pu que me raccrocher à eux pendant les deux années et demi qui venaient de passer. Certains d'entre eux sont d'ailleurs aujourd'hui tout aussi important que les membres de ma famille. Quand on perd un proche, on se rend compte de l'importance de l'amour qu'on nous porte et surtout de l'amour qu'on doit porter aux autres. Cet amour qui me lie à mes amis se traduira par la suite en une exigence affective. Les gens qui deviendront par la suite mes amis s'inscriront dans cette exigence, dans une sorte de code affectif impérissable, puissant et indestructible.

Je mène donc de front la fac et mon activité musicale, et les deux vont me demander un investissement important pour en extraire l'essentiel. La réalisation de notre première démo va se traduire par l'accomplissement de plus en plus de concerts et donc par la rencontre de nouvelles émotions et de nouvelles personnes. Ce plaisir de présenter au public le fruit de notre travail restera à mes yeux la motivation principale avec la création, qui me pousseront à autant m'investir dans la pratique musicale.

Progressivement, nous jouerons devant des publics de plus en plus nombreux à mesure que nous effectuerons des premières parties de plus en plus importantes. Je n'ai jamais pu combattre le trac qui m'habitait avant de monter sur scène. Je n'ai jamais pu combattre cette peur de ne pas être à la hauteur de notre propre création qu'on offrait à des inconnus dont les oreilles ne demandaient qu'à nous écouter. Je ne pourrai jamais oublier la joie que le public nous transmettait à la fin des concerts quand il applaudissait à s'en faire rougir les mains. Je n'ai jamais oublié ces concerts où l'on jouait devant une petite dizaine de personnes dont les yeux nous remerciaient de jouer uniquement pour eux. Je n'ai jamais oublié les cordes cassées, les crampes aux bras, les tee-shirts trempés par la sueur, qui traduisaient l'énergie que l'on développait pour accomplir notre passion et la transmettre aux spectateurs. Je n'ai jamais oublié les concerts où on jouait mal et qui finissaient par une engueulade éphémère qui démontrait qu'on mettait toutes nos tripes dans notre musique. Je n'ai jamais oublié les pleurs de joie que j'ai connus quand l'émotion avait été trop forte après un concert à La Rochelle. Chacun de ces concerts a une marque indélébile dans mes souvenirs, qui me rappelle à quel point la musique a pu éveiller mon esprit, égayer ma vie, construire mon existence, aiguiller mon avenir et me permettre d'exister en tant qu'être humain. Un voyage initiatique vers l'affirmation de soi, qui repoussera progressivement les plaies du passé et les idées noires du présents.

De leur côté les soirées entre amis gagnent peu à peu en quiétude. Je me retrouve régulièrement avec Dub et Guillaume, rejoint parfois par Yann, Gégé et quelques autres. Nous ne faisons plus de consommations débordantes d'alcool, leurs préférant les douceurs et les envolées du cannabis. Nos soirées sont des moments beaucoup plus apaisées avec de vrais discussions, des réflexions, un partage intellectuel, et des rires bien sur. Nos consommations de paradis artificiels sont moins violentes et le partage humain est d'autant plus riche. Je ne cacherai pas que nous finissons très souvent défoncés, mais le parcours pour y arriver n'est plus le même, il n'est plus foncièrement voulu ou recherché. Il ne se réduit plus à la seule volonté de quitter la réalité, peut être parce que la réalité est moins traumatisante depuis quelques temps. Peut-être parce que je commence à pouvoir faire face à mes démons et à les apprivoiser.

Ces instants de convivialité trouveront également leur place au sein d'un bar à concert rochelais (qui n'existe malheureusement plus) qui se nommait « Le Ribouldingue ». Plus qu'un repère d'amis ce lieu était devenu à nos yeux un carrefour de réunion entre musiciens rochelais, un espace qui nous ressemblait et qui nous comprenait, l'un de ses bars qui créait du véritable lien social et au sein duquel le partage se transformait souvent en apprentissage. Les expériences musicales et humaines des uns servaient aux autres. Le Ribouldingue était un laboratoire d'amitiés et d'idées propices à changer le monde (autrement il n'aurait pas était un véritable bar) et le secteur musical rochelais. Bien sur il faisait également office de bar à fête pour la communauté musicale (entre autre), où les verres d'alcool anisé nous conduisaient à pousser la chansonnette, des chansonnettes ringardes qui entraînaient des éclats de rires interminables. Le Ribouldingue était donc devenu une sorte de seconde maison pour nous où l'apéro était à coup sûr un gage de rencontres, de partage, de discussions plutôt qu'un moment d'ivresse.

C'est d'ailleurs au sein du Ribouldingue que je suis venu fêter l'obtention de mon DEUG de droit (obtenu avec mention assez bien), au mois de juin (1997). Je me souviens de ce moment de décontraction totale, de satisfaction d'avoir bossé toute l'année pour obtenir ce diplôme, de fierté de m'être démontré que j'étais encore capable de réussir mes études. Du coup, après les résultats j'ai donc rejoins le Ribouldingue pour savourer mon plaisir. En arrivant au sein du lieu, je retrouve la taulière quelque peu en colère car exaspérée d'avoir des soucis de nuisances sonores nocturnes avec le voisinage, et donc avec la police. Au moment où je lui annonce que j'ai eu mon DEUG elle sort comme une furie devant son établissement

95

et crie dans la rue en regardant les immeubles du voisinage que son bar n'est pas un lieu de voyous me prenant en exemple nouvellement diplômé en droit. Après son esclandre sur le trottoir, elle me sert dans ses bras et me témoigne sa fierté et sa satisfaction avec les larmes au yeux. Même si elle me fit plaisir, sa réaction me surprit. Aussi improbable que cela puisse paraître, je sentis qu'à ses yeux ma (pseudo) réussite sociale donnait du crédit et une légitimité à sa profession, à son bar, à son quotidien. Cette personne n'avait jamais eu la chance de pouvoir effectuer des études et, pour elle, ce qui me paraissait n'être qu'un petit diplôme en droit, représenté à ses yeux une montagne presque inaccessible. Cette expérience me permit de comprendre la chance que j'avais de pouvoir étudier. Et même si je le savais, vivre un tel moment revêtait une saveur toute particulière. Sa réaction me toucha.

Pendant l'année qui venait de passer, mon investissement dans la musique et dans mes études m'avaient donné progressivement un nouvel équilibre au sein duquel le rire reprenait une place importante et mon mal-être reculait de mois en mois, malgré quelques résurgences épisodiques. Cela se traduisit d'ailleurs pendant cette période par le fait que j'allais de moins en moins au cimetière pour parler à mon père. Progressivement, je n'en ressentais plus le besoin, je n'avais plus envie de rejoindre le silence de ce lieu pour déverser mes larmes sur le marbre, j'avais l'impression que je n'y avais plus ma place et que je n'avais plus besoin de réaliser ces pèlerinages pour penser à mon père ou pour y vomir mon mal-être. Mon ventre ne connaissait plus ces douleurs lancinantes qui étaient les siennes, mes yeux s'asséchaient, mes idées noires s'estompaient, ma douleur s'évacuait.

EPILOGUE

En juillet 1997, un événement va venir confirmer que je suis sur le point de terminer le deuil de la mort de mon père, que je me sens mieux, moins torturé et quasiment plus du tout habité du mal-être qui m'accompagnait depuis plus de trois ans.

Cet événement particulier et singulier est que pour la première fois depuis le 17 janvier 1994, je vais revoir mon père : Je suis assis sur le canapé, dans le salon de notre maison, en train de lire. Machinalement je lève les yeux et je vois mon père, face à moi dans l'entrée, debout, les mains posées sur les hanches comme à son habitude, en train de me regarder. Bizarrement je ne suis pas surpris de le voir. Il n'a pas changé. Il me sourit tranquillement, apaisé, décontracté, le visage lumineux et détendu. Puis il me parle, me demandant de venir l'accompagner pour rejoindre ma mère dans la pièce adjacente (la cuisine). Je me lève, nous rions ensemble comme avant, et derrière lui je vois un superbe ciel bleu apparaître. Il me sourit tendrement une dernière fois, et disparaît.

Je me réveille avec cette dernière image dans la tête, en toute quiétude, serein, un bien-être matinal m'envahit, je me sens bien comme il y a longtemps que je n'ai pas ressenti un tel bien-être, comme si quelque chose avait quitté mon corps.

Je ne vois aucune intervention divine derrière ce rêve mystique, mais davantage l'expression inconsciente de la fin de mon deuil, l'expression du retour d'un équilibre dans ma vie, et la fin de mon mal-être quotidien.

Je respire calmement, allongé sur mon lit, un sourire m'envahit, je suis bien... enfin !

Remerciements à :

Nico pour sa relecture et ses conseils avisés, Adrien pour m'avoir donné l'idée, et ma femme pour tout le reste.

Merci également à ma famille, à tous mes amis d'être mes amis, ainsi qu'à Bob Marley, Neil Young, Nirvana, Rage Against The Machine, Coluche, The Clash, At The Drive In, Serge Gainsbourg, Miles Davis, The Rolling Stones, Jeff Buckley, Chet Baker, Radiohead, The Kooks, The Shins, NTM, The Get Up Kids, Jimi Hendrix, Zinédine Zidane, Vincent Clerc, The Strokes, Refused, Jimmy Eat World, Nofx, Noir Désir ... et à Jorge Semprun.